신화에게 길을 묻다

블리스로 가는 길

Pathways to Bliss/Joseph Campbell

신화에게 길을 묻다

블리스로 가는 길

조지프 캠벨 지음 | 데이비드 쿠들러 엮음

노혜숙 옮김 | 한성자 감수

아니마

인드라망의 구슬처럼 반짝이며
꼬리를 물고 이어지는 이야기

조지프 캠벨은 1972년에 자신이 20여 년에 걸쳐 강연한 내용들을 묶어 『삶을 인도하는 신화Myths to Live By』라는 책을 집필하는 과정에서 깨달은 바가 있었다고 했다.

나는 그동안 나 자신이 성장해왔고 생각이 변화하고 발전해온 줄로 알았다. 하지만 그 자료들을 한데 모아놓고 보니 모두 본질적으로 같은 이야기를 하고 있었다. 말하자면, 20년 넘게 줄곧 나를 움직여온 것이 있었다. 그 책 전체를 관통하는 주제를 인식하기까지는 그것이 무엇인지 분명하게 알지 못했다. 24년은 매우 긴 시간이다. 그 동안 많은 일들이 일어났지만 나는 같은 이야기를 계속하고 있었다.[1]

나는 이 책을 편집하면서 캠벨이 한 말을 이해할 수 있었다. 이 책은 1962년부터 1983년까지 캠벨의 강연, 인터뷰, 세미나 등에서 주로 개인들의 정신적 발전을 이해하고 추구하도록 하는 도구로서의 신화의 기능에 대한 내용을 발췌한 것이다. 나는 처음에 이 주제에 대해 캠벨이 했던 이야기를 시간 순서대로 정리해보려고 했다.

그런데 그가 쿠퍼유니언대학에서 강의한 내용과 『신의 가면Masks of God』 시리즈의 집필을 끝내던 시기에 했던 이야기, 그리고 말년에 워크숍을 열고 생일을 기념하기도 했던 에설런 연구소에서 보다 자유롭고 심도 깊게 논의했던 주제가 거의 모두 유사한 맥락에 있다는 것을 알게 되었다. 집단무의식의 신화적 이미지를 끌어내는 통로로서 LSD가 갖고 있는 가능성과 위험성에 관한 문제에서는 일부 생각의 진전이 있었지만 전반적인 논지에는 변함이 없었다.

캠벨이 말하고자 하는 요점은 신화가 개인의 성장과 변화를 위한 틀을 제공하며, 신화와 상징이 우리의 정신에 어떤 영향을 주는지를 이해한다면 우리 각자가 자신의 본성에 맞는 삶을 살아가는 방법 ─ 블리스, 즉 희열로 가는 길 ─ 을 발견할 수 있다는 것이다. 이러한 그의 생각은 오랜 시간에 걸쳐 다듬어졌기 때문에 『조지프 캠벨 선집The Collected Works of Joseph Campbell』보다도 이 책의 편집 작업이 좀 더 어렵게 느껴진 것 같다.

이 책의 1장과 2장에서는 개인의 정신적 발달을 이해하고 도모하는 신화의 역할에 대해 알아본다. 신화의 네 가지 기능에 대한 내용을 주제가 유사한 여러 편의 강의에서 발췌해서 중복이 되지 않도록 정리했다.

3장에서 5장까지는, 캠벨이 10여 년에 걸쳐 「개인의 신화를 살아가기Living Your Personal Myth」라는 제목으로 발표한 자료에서 발췌한 것으로, 기본적인 신화 심리학에 초점을 맞추었다. 그 중에는 한 시간 길이의 강연도 있고 일주일에 걸쳐 진행한 세미나도 있다. 강의 방식은 대체로 비슷했지만 청중, 상황, 그리고 캠벨 자신의 사고의 흐름에 따라 순서가 바뀌거나 주안점이 달라졌기 때문에 그의 생각을 깊이 탐구할 수 있도록 엮는 것이 쉽지 않았다.

6장에서는 『천의 얼굴을 가진 영웅The Hero with a Thousand Faces』 중에서 캠벨이 개인의 삶을 들여다보는 도구로 제시한 기본적 전제들을 탐색한다. 이 장은 대부분 1983년 한 달에 걸쳐 진행한 세미나에서 발췌했는데 아주 자유롭고 광범위한 토론을 전개했기 때문에 한 가지 주제를 적용하거나 일관된 줄거리로 정리하기가 어려웠다. 무척이나 힘들고 겸손해지는 경험이었다.

그러나 조지프 캠벨의 글이 우리에게 주는 재미 중 하나가 바로 이런저런 이야기들이 마치 인드라망처럼 계속해서 꼬리에 꼬리를 물고 연결되는 것이다. 『빛의 신화Myth of Light』의 서문에서도 말했듯이, 이 책에서도 캠벨의 비상한 개념적 도약을 볼 수 있다. 논리 전개가 허술한 부분이 있다면 오로지 내 역량이 부족한 탓이다.

이 책이 세상에 나오기까지 많은 사람들의 노고가 있었다. 무엇보다 캠벨 사후 17년간 그의 유산을 지키고 발전시키기 위해 설립된 비영리 단체를 운영하고 있는 JCF 회장 로버트 월터의 지칠 줄 모르는 열정에 감사한다. 그는 캠벨의 친구이자 편집자로서의 경험을 바탕으로 엄청난 양의 원고와 오디오테이프를 분류해서 적절한 자료를 찾을 수 있도록 도와주었다. 뉴월드라이브러리 출판사의 제이슨 가드너는 캠벨의 강연을 세상에 발표하는 일에서 줄곧 파트너로 함께 일해왔다. 또한 산스끄리뜨어, 일본어, 『피네간의 경야 Finnegan's Wake』 등, 무엇을 만나도 당황한 적이 없는 마이크 애쉬비와 원고를 전사해준 시에라 밀란과 쇼나 쉐임즈에게 감사를 표한다.

앞으로 우리는 이 훌륭한 젊은이들의 이름을 더 자주 듣게 될 것이다. 마지막으로 언제나 내가 걷는 길을 동행하며 응원을 해주는 아내 모라 본에게 감사의 마음을 전한다.

데이비드 쿠들러

2004년 7월 16일

언제까지 낙타로 살아갈 것인가?

요즘 극장가에는 공상과학이 창조해낸 수퍼히어로들이 눈부신 활약을 펼치고 있다. 영화가 그려내는 현대의 영웅들은 가공할만한 초능력이나 최첨단의 기술로 무장하고 있지만 그 줄거리는 거의 한결같다. 주인공은 어린 시절 시련을 겪으면서 자신이 남들과 다른 능력을 갖고 있다는 것을 알게 된다. 그 능력은 그에게 인류를 구원해야 하는 소명을 안겨준다. 망설이는 그의 앞에 스승이 나타나고, 동지들과 연인의 도움을 받으며 거대한 악에 맞서 싸운다. 그리스 신화나 동서양의 민담, 할리우드 영화에 이르기까지, 영웅담은 대부분 이런 줄거리를 갖고 있다. 이렇게 황당하고 도식적인 영웅 판타지가 계속해서 우리를 매혹시키는 이유가 무엇인지 궁금해진다.

조지프 캠벨은 영웅 신화가 인류의 공통적인 열망을 담고 있기 때문이라고 답한다. 신화는 인간 내면의 본질적인 심상이며 상상력의 산물이다. 그중에서도 영웅 신화는 우리가 지닌 잠재력에 도달하고자 하는 인간 정신의 욕구를 반영해서 선명하고 흥미진진한 드라마를 전개해 보인다.

캠벨은 젊은이들에게 진로를 결정할 때 어떤 일을 해야 장래가 보장되는지 헤아리기보다는 "내가 무엇을 할 때 가장 행복한가? 나에게 블리스를 느끼게 하는 일은 무엇인가?"를 생각해보라고 충고한다. 캠벨이 말하는 '블리스'란 온전하게 현재에 존재하는 느낌, 진정한 나 자신이 되기 위해 해야 하는 어떤 것을 하고 있을 때 느끼는 희열감이다. 만일 블리스를 따라간다면 인생은 미로를 헤매이며 숱한 도전과 시련을 헤쳐나가는 '영웅의 여정'이 될 것이다. 성공하고 실패하는 것은 중요하지 않다. 시련을 극복하고 다시 일어설 때마다 우리는 전보다 더 강해지고 삶은 더욱 소중해진다. 중요한 것은 살아 있다는 느낌, '충만한 존재감'을 느끼며 사는 것이다. 캠벨은 자신의 인생 이야기를 들어 블리스의 의미에 대해 좀 더 구체적으로 이야기한 바 있다.

나는 항상 보이지 않는 손이 나를 이끌고 있다는 것을 느끼면서 일종의 미신과도 같은 믿음을 갖게 되었습니다. 말하자면, 우리가 블리스를 따라간다면 언제나 그 자리에서 우리를 기다리고 있던 길에 들어서게 되고 우리가 살아야 하는 삶을 살아가게 된다는 것입니다. 같은 관심사를 갖고 있는 사람들을 만나기 시작하고 그들이 도움을 주기도 합니다. 그러니까, 블리스를 추구하면서 두려워하지 마십시오. 사방이 벽으로 둘러싸여 있는 곳에서 우주가 당신을 위해 문을 열어줄 것입니다.

사람은 누구나 세상에 태어나서 죽을 때까지 인생의 단계를 차례로 통과한다. 서둘러 어른이 되고 싶다고 해서 어느 단계를 건너뛰거나, 젊음을 되찾고 싶다고 해서 지나간 단계로 다시 돌아갈 수는 없으며, 각각의 단계마다 극복하고 해결해야 하는 과제가 있다. 어린 시절에는 부모에게서 자립할 수 있는 능력을 길러야 하고 성인이 되면 가정과 사회를 이끌어가는 주체로서 세상에 참여하고 기여해야 한다. 그리고 인생의 후반기가 되어 육체와 기능이 내리막길을 걷기 시작하면 정신의 빛을 밝혀서 온전한 인격에 도달해야 한다. 그리하여 마침내 세상 밖으로 문을 열고 나갈 때가 되었을 때는 다음 세대에게 모든 것을 맡기고 더 이상 미련을 두지 말고 떠날 수 있어야 한다. 이러한 단계를 거치는 우리의 인생은 그 자체가 모험의 문턱을 넘어가는 영웅의 여정이며, 그 길을 무사히 통과하도록 인도하는 것이 신화의 역할이다.

우리를 가두고 있는 현실의 벽이 높을수록 거기서 벗어나고자 하는 내면의 열망은 더욱 커지는 듯하다. 블리스를 따라가라는 캠벨의 충고가 낭만적으로 들릴지 모르지만, 모험을 거부한다면 우리에게 단 한 번 주어진 생을 마감하는 마지막 순간 후회와 아쉬움으로 뒤를 돌아보게 될 것이다. 나는 아직 주인이 없어준 짐을 지고 사막을 터벅터벅 걸어가는 낙타로 살아가고 있는 것은 아닌지, 사자의 단계를 지나 행복한 어린아이로 사는 길로 인도하는 나의 신화는 무엇인지 생각해본다.

노혜숙
2014. 6. 25

차례

知人者智,

自知者明.

勝人者有力,

自勝者强.

남을 아는 것이 지혜라면,

자신을 아는 것은 깨달음이다.

남을 이기는 것이 힘이라면,

자신을 이기는 것은 강함이다.

도덕경 33장

어둠이 짙게 깔린 숲으로 들어가라

얼마 전 캘리포니아의 에설런 연구소에서 강연을 했는데 청중의 대부분이 여성들이었다. 그들은 군인, 경영자 등으로 일하는 현대 여성을 위한 역할 모델을 고전 신화에서 찾을 수 있는지 무척 궁금해했다. 신화적 인물들을 과연 우리의 역할 모델로 삼을 수 있느냐는 질문도 나왔다.

내가 분명히 말할 수 있는 것은 모든 신화가 어느 시대에나 그 사회를 위한 역할 모델들을 제공해왔다는 것이다. 신은 우리가 하는 활동을 지원하고 지켜주는 힘을 상징한다. 예를 들면, 농업의 수호신이나 전쟁의 수호신처럼 각 분야에서 우리에게 주어진 역할을 흔들림 없이 수행하도록 인도한다. 우리가 어떤 신을 본보기로 삼을 때는 오랜 세월에 거쳐 그럴만한 가치가 입증되었기 때문이다. 사실 아무런 본보기 없이 우리 스스로 삶을 구축하기는 쉽지 않은 일이다. 너무도 많은 새로운 가능성이 열려있는 요즘 시대에는 어떤지 모르겠지만, 내 경험으로는 언제나 우리가 나아가야 할 방향을 제시하고 그 길에서 만나는 문제와 기회에 대처하는 방식을 알려주는 본보기가 있었다. 다만 그 이미지는 우주의 에너지가 모습을 드러내는 방식이고 시대에 따라 다른 모습으로 나타날 뿐이다.

신화는 역사가 아니다. 신화는 과거에 특별한 삶을 살았던 인물들에 대한 이야기가 아니다. 신화는 현재와의 관계를 초월한다. 신화가 된 민중의 영웅은, 존 헨리(미국의 전설적인 철도 노동자—옮긴이 주)나 조지 워싱턴 같은 실존 인물일지라도 전기물의 주인공과는 다르다. 그들은 계속해서 그 특징이 변화한다. 더구나 구전으로 전해 내려오는 신화는 시시각각 현재를 반영한다. 아메리칸 인디언의 민간설화에 자전거나 워싱턴 국회의사당의 둥근 지붕이 등장하기도 한다. 모든 것이 즉시 신화 속으로 흡수된다. 현대 사회에서는 우리 주변에서 일어나는 사건들이 지닌 가치를 알아보고 우리의 일상을 영원으로 연결하는 이미지들을 제공하는 역할을 시인들과 예술가들이 대신하고 있다.

물론, 우리 자신을 초월성과 연결하고자 할 때 반드시 어떤 이미지가 필요한 것은 아니다. 만일 명상을 한다면 신화에 대해서는 잊어도 된다. 하지만 이 책에서 우리는 신화적 방식에 대해 알아볼 것이다. 신화는 우리가 이 세상에서 자기 자리를 찾아갈 수 있게 한다. 티벳의 승려들이나 융심리학자들이 말하는 성스러운 둥근 원圓, 만다라가 의미하는 것이 그런 것이다. 원 주위를 상징(기호)들이 둘러싸고 있고, 우리는 그 중심에 자리를 잡아야 한다. 미로는 뒤죽박죽이 된 만다라다. 미로 안에서는 우리가 어디에 있는지 알 수 없다. 신화를 갖고 있지 않은 사람들에게 세상은 미로와도 같다. 아무도 가본 적이 없는 곳에서 길을 만들어야 한다.

최근에 카를프리트 그라프 뒤르크하임Karlfried Graf Dürckheim(프랑스 사회학자 에밀 뒤르까임과 혼동하지 말기를)이라는 독일의 비범한 정신과의사의 연구를 알게 되었다. 그는 카를 구스타프 융과 에리히 노이만의 연구를 바탕으로 몸과 마음의 전반적인 건강 문제를 신화와 관련해서 설명했다.[3] 뒤르크하임은 우리 안에 생명의 지혜가 살고 있다고 말한다. 우리는 누구나 생명의 신비로운 힘을 구현하고 있다. 우리는 그 힘에 의해 어머니의 자궁 속에서 생명으로 탄생했다. 생명의 지혜는 우리 안에서 살아 숨 쉬며 에너지를 공급한다. 그것은 우리의 지식이 미치지 않는 차원에서 오는 초월적인 에너지다. 그 에너지는 또한 우리가 눈으로 볼 수 있게 하고 마음으로 생각할 수 있게 한다. 그런데 만일 지엽적이고 일시적인 과제에 지나치게 매달리면 에너지가 막혀버리고 그러면 몸의 균형이 깨지면서 병이 난다. 이러한 개념은 전통적인 중국과 인도의 의학적 견해와도 매우 유사하다. 정신적인 문제가 생기는 것도 마찬가지다. 에너지의 흐름이 막히지 않도록 하기 위해서는 우리의 정신을 맑고 투명하게 유지해야 한다.

신화는 우리에게 현상계 너머에 있는 초월성을 가리켜 보인다. 신화의 인물들은 아이들이 학교에서 원과 호를 그릴 때 사용하는 컴퍼스처럼 한 다리는 시간의 영역에, 또 한 다리는 영원에 걸치고 있다. 그 이미지는 인간이나 동물의 형상을 취할 수 있지만 그 의미는 형상 너머에 있다. 신화가 상징하는 것들을 구체적인 사실로 옮긴다면 그것은 신화가 아닌 우화가 된다. 신화가 말로 설명할 수 없는 뭔가를 가리켜 보인다면, 우화는 단지 실용적인 교훈을 가르친다. 제임스 조이스는 우화를 '부적절한 예술improper art'이라고 했다.[4] 제도화된 종교가 갖고 있는 문제점 중 하나는 마치 우화처럼 신을 결정적인 사실로 구체화해서 더 이상 초월성을 가리키지 못하게 만든다는 것이다. 노자의 『도덕경道德經』은 다음과 같은 말로 시작된다.

도道를 도라고 부르면 그것은 도가 아니다.[5]

신이 초월성을 투명하게 반영한다면, 그 신은 어떤 이름으로 불러도 무방하다. 그러한 신을 본보기로 삼을 때 우리의 삶은 투명해지고 초월성을 향해 가면서 신으로부터 받는 영감을 실현하게 된다. 세속적인 성공이나 성취가 아닌 초월성을 향해 가게 된다.

19세기 독일의 민족학자 아돌프 바스티안Adolf Bastian은 모든 신화는 원소적 차원과 지역적 차원을 지니고 있다고 했다. 원소적 차원에 도달하기 위해서는 지역적 차원을 거쳐가야 한다. 마찬가지로 신과 관계를 맺기 위해서는 개인적인 차원을 통과해서 초월적인 차원으로 들어가야 한다.

원시사회에서 샤먼은 지역성과 초월성 사이에서 살아 있는 도관(통로)의 역할을 한다. 샤먼은 실제로 정신적인 와해와 회복을 거친 사람이다. 사춘기에 접어든 소년이나 소녀가 어떤 환상을 보거나 노래를 듣는다. 일종의 부름을 받는 것이다. 부름을 받은 아이는 몸을 떨고 신경증 증세를 보인다. 이것이 무슨 의미인지 알고 있는 전통 사회에서는 가족들이 샤먼을 불러 아이가 정신을 차려서 다시 사회와 접촉할 수 있도록 하고 그 자신의 노래를 부르게 하는 영적 의례를 행한다. 샤먼이 된 아이가 무의식 속으로 깊이 들어가서 만나는 것은 부족사회 전체의 무의식이다. 그들 부족은 좁은 울타리 안에 살고 있으며 그들의 정신적인 문제는 한정되어 있다. 샤먼은 그들의 스승이며 신화 전통의 수호자이지만 외로운 삶을 살아간다.

만일 성인이 된 후에 샤먼이 되기를 원한다면 특별한 시련을 겪어야 한다. 북동부 시베리아와 아메리카의 여러 지역에서 샤먼은 이성異性의 옷을 입는다. 즉, 여자는 남자로 살고 남자는 여자로 살아야 한다. 이것은 샤먼이 되기 위해서는 타고난 성별의 특성을 초월해야 한다는 것을 의미한다. 수족 인디언을 포함해서 남서부 지역의 호피족, 푸에블로족, 나바호족, 아파치족 등, 인디언 사회에서 이러한 샤먼들은 매우 다양한 역할을 한다.

발데마르 보고라스Waldemar Bogoras와 발데마르 요헬슨Baldemar Jochelson은 시베리아 캄차카 반도에 사는 축치족에게서 처음으로 성별을 바꾼 샤먼을 발견했다.[6] 한 소년은 샤먼이 되어야 하는 부름을 받았을 때 수치심과 거부감을 느끼고 자살을 기도하기도 했다. 하지만 그 부름에 응하지 않으면 정신적으로 무너지고 무력해진다. 그만큼 거부하기 힘든 소명이다.

얼마 전 버지니아주 서부의 탄광촌에서 어린 시절을 보낸 한 여자에 대한 이야기를 읽었다. 그녀는 어릴 때 숲속에서 신비로운 노래를 들었는데 그것이 무엇을 의미하는지 알지 못했다고 한다. 세월이 흘러 60대가 되었을 때 그녀는 삶이 공허하게 느껴져서 정신과 의사를 찾아갔다. 그녀는 깊은 최면에 빠진 상태에서 그 노래를 기억해냈다.[7] 그것은 샤먼의 노래였다.

샤먼은 어떤 노래나 환영에 정신을 집중함으로써 중심을 잡는다.

노래를 부르거나 의례를 행하면서 평온한 마음 상태를 유지한다. 남아메리카의 남쪽 끝에 있는 티에라델푸에고 섬에는 아메리카 대륙에서 가장 순수한 부족인 오나족과 야간족이 살고 있다. 20세기 초 사제이며 과학자였던 알베르토 데 아고스티니Alberto de Agostini 신부는 한동안 그들과 함께 지내면서 그들의 신화에 대해 배울 수 있었다. 그는 한밤중에 부족의 샤먼이 혼자 북을 연주하며 노래하는 소리에 잠에서 깨어나곤 했다. 그것은 샤먼이 신통력을 유지하는 방법이었다.[8]

오늘날 나바호 인디언의 전사들은 보호구역에 갇혀 전통적인 삶을 살지 못하는 탓에 상당수가 신경증에 시달리고 있는데 그들을 치유하기 위해 모래로 그림을 그리는 의례가 사용된다. 그 목적은 신화를 계속 더듬어 올라가 초월성에 이르게 하는 것이다.

이런 이야기들은 신화가 일반적으로 어떤 작용을 하는지 말해준다. 살아 있는 신화, 다시 말해 실제로 우리 삶에 유기적으로 관여하고 있는 신화라면, 우리는 그 신화를 되풀이해 이야기하고 의례를 행하면서 마음의 중심을 잡을 수 있다. 의례는 신화를 실행하는 것이다. 의례에 참여하는 것은 직접 신화에 참여하는 것이다.

신화가 우리 삶에서 어떤 역할을 하는지에 대해 나는 인도에서 가장 확실한 답을 찾을 수 있었다. 나는 신화를 연구하고 가르치며 반평생을 보내고 50세가 되었을 때 이런 질문을 하게 되었다.

"내가 알고 있는 이 모든 지식을 어떻게 정리할 수 있을까?"

그런데 오랜 세월 신화가 지배해온 곳이 있다. 그곳에서는 신화가 글로 읽을 수 있는 사상으로 옮겨져 있다. 그래서 나는 인도로 갔

고, 갑자기 그 모든 것을 이해할 수 있었다.[9]

베단따 학파의 교리는 신화가 갖고 있는 에너지의 본질을 이해하는 데 도움을 주었다. 『따이띠리야 우빠니샤드Taittiriya Upanisad』에는 생명의 근원이며 참된 나(진아眞我)인 아뜨만ātman을 다섯 겹으로 둘러싼 층위에 대한 이야기가 나온다.

가장 바깥쪽에 있는 첫 번째 층위인 안나마야 꼬샤annamaya-kośa는 음식층이다. 이 층은 음식으로 만들어지는 육체적 몸으로, 죽으면 다시 음식이 된다. 벌레, 독수리, 하이에나, 불길에 의해 소모된다.

두 번째는 호흡층인 쁘라나마야 꼬샤prānamaya-kośa다. 호흡은 음식을 산화시켜서 생명으로 바꾼다.

그 다음에 마음층 마노마야 꼬샤manomaya-kośa가 있다. 이것은 몸에 대한 의식意識이며 우리 자신을 타인들과 구분하는 '나'라는 느낌에 해당된다.

그리고 커다란 틈새가 있다.

그리고 다음으로 지혜층, 비즈나마야 꼬샤vijñānamaya-kośa가 나타난다. 이것은 끊임없이 흐르는 초월적 지혜의 층이다. 그 지혜는 우리를 어머니의 자궁 속으로 데려와서 자라게 하며 음식을 소화시키고 상처가 생기면 낫게 한다. 베인 상처에 피가 나면 아물어서 딱지가 생기고 이윽고 흉터가 남는다. 지혜층이 작용하는 것이다.

숲 속으로 산책을 가보자. 누군가 철조망을 설치해 놓았다. 철조망이 기울어지면서 나무 안으로 파고들면 나무는 철조망을 받아들인다. 나무는 지혜층을 갖고 있는 것이다. 이러한 지혜층은 산, 나무, 물고기, 동물과 함께 우리의 본성이 공유하고 있다. 신화는 마음층이 초월을 이야기하는 이러한 지혜층과 만나게 한다.

지혜층 안쪽에는 희열층 아난다마야 꼬샤ānandamaya-kośa가 있다. 이것은 초월성의 핵심이며 초월 그 자체다.

마음층은 음식층의 고통과 쾌락에 연연한다. 그래서 생각한다. 이 생은 살 가치가 있는가? 풀이 자라는 것을 생각해보자. 누군가 한 주 걸러 잔디 깎는 기계를 가져와서 풀을 자른다. 풀은 생각한다. '아이고, 이렇게 힘들게 살면 뭐하나? 그만 포기할까?' 이것은 마음층에서 일어나는 일이다. 우리는 이런 충동을 알고 있다.

"삶은 고통스럽다. 신이 선하다면 왜 이렇게 고통스러운 세상을 창조한 것일까?"라고 생각하는 것은 이 세상을 선과 악, 빛과 어둠으로 구분하는 이원론적인 사고방식이다.

반면, 지혜층은 이원론적으로 생각하지 않는다. 더 안쪽에 있는 희열층은 이원론적인 모든 것을 담고 있다. 희열층에서 지혜층이 나오고, 그 후에 이원의 대립쌍으로 바뀌는 것이다.

나는 이집트에서 투탕카멘의 초라해 보이는 무덤을 방문한 적이 있다. 그것은 바로 옆에 있는 세티Seti 1세 무덤의 별채처럼 보였다. 세티의 무덤은 작은 운동장만한 데 비해 투탕카멘의 무덤은 원룸 주택 크기의 작은 방 두 개가 전부다. 덕분에 투탕카멘의 무덤은 아무도 도굴을 하지 않았고, 그 안에 있는 훌륭한 보물들이 고스란히 보존될 수 있었다.

투탕카멘의 관을 인도 철학에서 말하는 층위의 이미지와 비교해보자. 이집트의 조각가들이 어떤 의도를 갖고 만들었는지는 모르지만 내가 본 것은 다음과 같다. 관 바깥쪽에는 직사각형의 상자 세

개가 겹쳐져 있다. 그 상자들은 각각 음식층, 호흡층, 마음층에 해당한다. 그 안에 커다란 석관이 있어서 바깥쪽에 있는 세 층과 안쪽에 있는 두 층을 분리하고 있다. 그 석관의 안쪽에는 무엇이 있을까? 나무에 금과 청금석으로 무늬를 새긴 목관이 있다. 그 관은 소년의 모습을 하고 있고 가슴 위에 왕의 신분을 나타내는 표시가 있다. 이것은 지혜층에 해당한다.

그리고 그 안에 희열층이 있다. 몇 톤이나 되는 순금으로 투탕카멘의 모습을 형상화한 관이다. 그 옛날 금을 채굴한 방법을 생각하면 그 많은 금을 얻기 위해 엄청난 희생을 치렀을 것이다.

그리고 마침내 가장 안쪽에 아뜨만ātman, 몸 자체가 있다.

하지만 이집트인들은 몸을 영원히 응고시키면 영생을 살 수 있다고 믿었다. 이집트 박물관에 가보면 추가로 돈을 내고 들어가는 미라의 방이 있다. 그 방에는 목관들이 세 줄로 늘어서 있는데, 관마다 파라오가 잠들어 있고 마치 채집한 나비 표본처럼 앞에 이름이 쓰여 있다. 아멘호테프Amenhotep 1세, 2세, 3세 등등. 마치 산부인과 병동의 신생아실을 연상시킨다.

이집트인들이 피라미드와 거대한 무덤을 만든 것은 영원한 삶을 음식층의 삶과 동일시하는 오류에 근거한 것이다. 사실 영원은 그런 것과 아무 상관이 없다. 영원은 시간과는 상관이 없다. 시간은 우리를 영원으로부터 몰아낸다. 영원은 지금이다. 신화가 가리키는 것은 현재의 초월적 차원이다.

이 모든 것들로 미루어보면, 우리는 신화가 실제로 무엇에 관한 것인지 이해할 수 있다. 만일 누군가가 "이런 황당한 이야기를 믿으라는 말이요? 신화 따위는 집어치웁시다."라고 말한다면 그것은 마음층과 지혜층이 소통하는 언어를 제거하려는 것이나 다름없다.

신화에 나오는 신들이 가리키는 것이 초월성에 발을 들여 놓는 것임을 이해한다면 우리는 그 신들을 삶의 본보기로 삼을 수 있다. 기독교에서 "그리스도를 본받으라."고 하는 말은 밖에 나가서 십자가에 우리 몸을 못 박으라는 의미가 아니라 초월성 안에 한 발을 들여놓고 살라는 것을 의미한다. 바울이 "내가 사는 것은 내가 아니라 내 안에 있는 그리스도가 사는 것이다."[10]라고 한 말은 우리 안에서 영원한 뭔가가 작용하고 있다는 것을 의미한다. 그것은 또한 붓다의 의식이며, 그 의식은 이 세상 만물이며 또한 우리 자신이기도 하다.

고대 그리스에서 신화는 사람들에게 어떤 식으로 세상에 참여하면 아테나나 아르테미스 등의 신의 보호를 받을 것이라고 말해주었다. 일종의 본보기를 제시한 것이다. 하지만 오늘날에는 그런 식의 본보기가 없다. 세상이 너무 빨리 변하기 때문에 내가 어린 시절에 알던 것들은 이제 더 이상 주변에서 볼 수 없고 끊임없이 새로운 것들이 나타나고 있다. 요즘은 신화적 전통이 만들어질 만큼 시간이 오래 머물러 있지 않는다. 구르는 돌에는 이끼가 끼지 않는 법이다. 변화가 너무 빨라서 신화가 만들어질 틈이 없다. 그래서 우리는 각자 스스로 알아서 해야 한다. 나는 종종 요즘 사람들은 아무런 지침도 없이 미래 속으로 자유낙하를 하고 있다는 이야기를 한다.

하지만 지금도 우리는 한 가지를 지침으로 사용할 수 있다. 블리스, 즉 희열을 좇아서 사는 것이다. 그러면 희열이 곧 우리의 삶이 된다. 오랫동안 나는 젊은이들이 진로를 결정하는 방법을 보아왔다. 그 방법은 크게 두 가지로 나눌 수 있다. 하나는 자신의 열정을 따라가는 것이고, 다른 하나는 졸업을 한 후에 어떤 직업에 종사하면 돈을 잘 벌 수 있을지 예측하는 것이다. 그런데 세상은 아주 빠르게 변한다. 올해의 유망 직종이 컴퓨터 엔지니어라면 내년에는 치과의사가 될 수 있다. 어떤 일을 하기로 마음을 먹든지, 그 일을 시작할 즈음에는 상황이 달라져 있을 것이다. 하지만 만일 우리 자신이 어디에서 진정한 희열을 느끼는지 알고 그 일을 한다면 돈은 벌지 못할지 모르지만 희열을 누릴 수 있다.

산스끄리뜨어에는 존재, 의식, 그리고 희열을 의미하는 사뜨sat, 찌뜨cit, 아난다ānanda라는 용어가 있다.[11] 이 세 가지 개념은 저 멀리 깊은 곳에 있는 초월성의 언저리를 가리킨다. 초월성을 말할 때는 그것을 웅덩이라고 부르든, 전체라고 부르든, 어떤 이름으로 불러도 상관없다. 초월성은 언어를 초월하기 때문이다. 우리가 말로 설명할 수 있는 것은 초월성의 이쪽, 세속에 있는 것뿐이다. 초월성을 향해 가기 위해서는 말과 이미지를 통과해야 하는데, 존재, 의식, 희열이라는 세 가지 개념은 우리를 초월성이라는 공空에 가장 가깝게 데려간다.

나는 아직도 존재가 무엇인지 잘 모른다. 의식이 무엇인지 잘 모른다. 하지만 희열이 어떤 것인지는 알고 있다. 그것은 온전하게 현재에 존재하는 느낌, 진정한 나 자신이 되기 위해 해야 하는 어떤 것을 하고 있을 때의 느낌이다. 이러한 느낌을 계속 유지할 수 있다면 이미 초월성의 언저리에 있는 것이다. 무일푼으로 살아야 할지도 모르지만 그런 것은 중요하지 않다.

내가 독일과 파리에서 공부를 하고 돌아오던 날은 1929년 월스트리트 증시가 붕괴되기 3주 전이었다. 그 이후 5년 동안 취업을 하지 못했다. 게다가 복지 혜택도 없었다. 나는 우드스탁에서 아무것도 하지 않고 책만 읽으며 보냈는데 그 동안 내가 어디에서 희열을 느끼는지 알게 되었다. 그곳에서 나는 항상 행복했다. 나는 학생들에게 이렇게 말한다.

"희열을 따라가세요. 뭔가를 하면서 희열을 느끼는 순간들이 있을 겁니다. 그러한 느낌을 따라가는 것이 내년에 돈이 어디서 나올지 찾아다니는 것보다 더 확실한 선택입니다."

블리스, 즉 희열은 우리를 초월적 신비로 인도한다. 희열은 우리 안에서 분출하는 초월적 지혜의 에너지다. 희열이 사라지면 에너지는 분출되지 않는다. 블리스를 따라가자. 그러면 당신을 위해 보이지 않는 길을 인도하는 헤르메스(그리스 신화에 나오는 전령의 신─옮긴이 주)를 만나게 될 것이다. 당신의 길, 당신의 신화가 만들어질 것이다.

우리는 과거의 전통에서 단서를 얻을 수는 있지만 전통은 단지 단서로만 사용해야 한다. 많은 현자들이 말했듯이, '다른 사람의 모자를 쓰지 마라.' 사람들이 동양에 대해 관심을 갖고 터번을 쓰고 사리를 두르는 것은 지혜의 민속적인 측면에 사로잡히는 것이다. 우리는 의상이 아니라 지혜를 발견해야 한다. 그러한 겉치레를 통과해야 다른 문화의 신화를 우리 자신의 것으로 만드는 지혜를 얻을 수 있다.

나는 새러로렌스 대학에서 신화학 강의를 할 때 종교적 믿음에 대해 내가 알고 있는 것을 모두 가르쳤다. 사람에 따라 신화를 해석하는 능력의 차이는 있지만, 우리는 누구나 어떤 종류의 신화 속에서 성장한다. 내가 알고 있는 사실은 어떤 신화든지 우리 삶 속으로 옮겨올 수 있다는 것이다. 그리고 우리가 어릴 때 습득한 신화를 지키는 것은 좋은 일이다. 우리가 원하든 원하지 않든 그것은 거기에 있기 때문이다. 우리가 해야 하는 일은 신화를 글자 그대로 읽는 것이 아니라 거기서 영감을 받는 것이다. 그 노래를 듣는 법을 배워야 한다.

여기, 용기를 내서 우리 자신의 삶을 발견하고 추구하라는 중요한 메시지를 전하는 이야기가 있다. 13세기에 익명의 수도사가 쓴 아서왕의 이야기 『성배를 찾아서La Queste del Saint Graal』에 나오는 대목이다.

아서왕의 연회장에 기사들이 모두 원탁 주위에 모여 있었다. 아서왕은 기사들에게 모험할 일이 생기기 전에는 음식을 먹지 못하게 했다. 그 시절에는 모험이 다반사로 일어났으므로 그들이 끼니를 오래 거르는 일은 없었다.

기사들은 그 날도 모험을 기다리고 있었고 드디어 사건이 일어났다. 모여 있는 기사들 앞에 성배가 나타난 것이다. 성배는 그 모습을 완전히 드러내지 않고 눈부시게 빛나는 천에 덮여 있었다. 그러고는 홀연히 사라져버렸다. 모두들 황홀한 경외감에 휩싸인 채 자리에 앉아 있었다.

마침내 아서왕의 조카인 가웨인이 자리에서 일어나 말했다.

"여기 모인 형제들에게 제안을 하겠소. 우리가 성배를 찾아서 그 베일을 벗겨봅시다."

그다음에 내가 좋아하는 구절이 나온다.

그들은 다 같이 우르르 몰려다니는 것은 명예롭지 않다고 생각했다. 그들은 각자 스스로 선택한 지점에서 모험의 숲으로 들어갔다. 그곳은 칠흑처럼 어두웠고 어떤 길도 나 있지 않았다.

어둠이 짙게 깔린 숲으로 들어가라. 그곳에는 어떤 길도 나 있지 않다. 길이 있다면 그것은 다른 사람의 길이다.

각각의 인간 존재는 고유하다. 중요한 것은 자신만의 블리스를 향해 가는 길을 발견하는 것이다.

1

신화의 기능[12]

✱

이 세상은 무섭고 어둡고 잔인한 그대로,

완전한 황금 연꽃의 세계다.

신화의 기원

신화는 전통적으로 네 가지 기능을 갖고 있다. 그 첫 번째 기능은 우리의 의식을 존재의 전제조건 즉, 생명의 본성과 화해시키는 것이다.

생명은 생명을 먹고 살아간다. 삶의 첫 번째 법칙은 먹고 먹히는 것이다. 이것은 우리의 의식이 받아들이기 힘든 무시무시한 현실이다. 생명이 생명 ─ 죽음 ─ 을 먹고 사는 일은, 호모 사피엔스가 세상에 등장하기 오래 전부터, 인류가 눈을 뜨고 저 밖에서 일어나는 일들을 인식하기 전부터, 수십억 년의 세월을 통해 진행되어 왔다. 생명체의 신체 기관들은 다른 생명의 죽음에 의지해서 진화해왔다. 이러한 기관들은 우리의 의식이 인식조차 하지 못하는 충동을 갖고 있다. 우리의 의식이 그 충동을 인식하면 아마 우리가 서로 먹고 먹히는 괴물임을 알고 공포를 느낄 것이다. 이러한 공포는 우리의 감성적 의식에 엄청난 충격을 가한다.

'생명은 괴물이다. 생명은 잔인한 존재이며, 만일 그렇지 않다면 우리는 지금 여기 없을 것이다.'

원시 사회에서 신화의 기능은 인간의 의식이 이런 사실을 받아들이고 삶을 긍정하고 포용하도록 하는 것이었다. 어떤 인류학자도 원시 사회의 신화에서 세상을 부정하는 이야기는 찾아볼 수 없을 것이다. 이것은 원시인들이 부딪쳤던 일들, 단지 생존하기 위해 그들이 견뎌야 했던 고통, 고뇌, 시련을 생각하면 정말 놀라운 일이 아닐 수 없다. 나는 전 세계 문화에서 수많은 신화들을 연구해왔지만 원시 신화에서 존재나 세상에 대해 부정적으로 이야기하는 것은 지금까지 한 번도 들어보지 못했다. 삶에 대한 염증은 훗날 사치스러운 생활을 하는 사람들에게서 나타난다.

삶을 긍정하기 위해서는 현실을 그 가혹하고 끔찍한 밑바닥까지 인정해야 한다. 원시사회 성인식은 이러한 긍정적 세계관을 주입하기 위한 수단이었다. 어떤 의례들은 너무도 잔인해서 쳐다보기는커녕 글로 읽기도 힘들 정도다. 하지만 그러한 의례들은 아이들의 마음에 선명한 이미지를 남긴다.

'세상은 이런 곳이다. 네가 살기 위해서는 이런 방식으로 살아야 하고, 이것은 우리 부족의 전통이다.'

이러한 의례의 목적은 우리의 의식으로 하여금 자신이 존재하기 위한 전제조건을 인정할 뿐 아니라, 감사와 사랑으로 받아들이고 심지어는 달콤한 것으로 생각하게 만드는 것이다.

'쓰디쓴 고통을 통과하는 삶의 근본적인 경험은 달콤하고 훌륭한 것이다.'

그러다가, 기원전 8세기 경에 내가 대반전이라고 부르는 현상이 도래했다. 특별한 감성과 감수성을 지닌 사람들이 현실의 공포를 긍정할 수 없다고 생각하기 시작한 것이다. 이러한 세계관은 쇼펜하우어의 다음과 같은 말로 요약할 수 있다.

'생명은 없느니만 못한 것이다. 생명은 근본적, 형이상학적, 우주적인 실수다.'[13]

실제로 많은 사람들이 이런 생각을 하고 스스로 세상을 하직했다. 그 시대에는 어떤 신화가 필요했을까? 생존에 대한 원초적 욕구와 냉정하고 잔인한 세상을 원망하는 마음 중 어느 것을 그만둘 수 있는가? 어떻게 하면 살고자 하는 욕망이나 세상에 대한 실망감을 다스릴 수 있는가? 그 방법은 세속을 초월하는 관념적인 신화를 따르는 것이다. 자이나교나 초기 은둔 불교가 대표적인 예다.

자이나교는 아마 인류 역사상 가장 오래된 종교일 것이다. 자이나교도는 소수가 여전히 주로 봄베이와 그 주변에서 거주하고 있다. 그들이 가장 중요하게 생각하는 것은 어떤 생물도 해치지 않는 아힘사ahimsā 즉, 무살생과 비폭력이다. 아이러니하게도, 그들은 지금 인도에서 엄청난 부를 누리고 있다. 생명을 다치게 하지 않는 직업을 원한다면 금융업이 최선의 선택이기 때문이었다. 그래서 그들은 극소수의 최고 엘리트 그룹이 되었다.

인도 사회는 크게 두 부류로 나눌 수 있다. 아직 세속의 삶을 사는 속인들이 있고 그 사회가 부양하는 수도자들이 있다. 수도자들은 물론 마지막에 숲으로 들어가 열반에 이르는 것이 궁극적인 목적이므로 많은 지원을 필요로 하지 않는다.

열반에 이르는 과정은 살아 있는 생물은 절대 먹지 않는 것에서부터 출발한다. 물론 육류를 먹지 않는 것이 가장 우선이다. 그다음에는 살아 있는 식물도 먹지 않는다. 오렌지나 사과를 나무에서 따는 것이 아니라 떨어지기를 기다린다. 마지막에는 죽은 잎사귀 같은 것들만 먹는데, 요가 호흡법과 수행을 통해 먹는 것은 무엇이든 아주 작은 입자까지 소화시킬 수 있다.

두 번째 단계는 삶에 대한 모든 욕망을 버리는 것이다. 그래서 삶에 대한 모든 욕망을 버리는 것과 죽음을 맞이하는 것, 두 가지가 동시에 일어나도록 하는 것이다. 최종 단계에서는 매일 숫자를 정해서 그 이상은 걸음을 걷지 않는다. 그리고 시간이 갈수록 발걸음을 점점 더 줄여간다. 발을 디딜 때마다 개미, 곰팡이, 심지어는 흙을 다치지 않도록 하기 위해서다.

이러한 전통에서는 세상 만물이 영혼을 갖고 있다고 믿는다. 그 이미지는 더없이 환상적이다. 생명의 모나드monad(무엇으로도 나눌 수 없는 궁극적인 실체로서 모든 존재의 기초―옮긴이 주)라고 할 수 있는 그 영혼들은 위쪽을 향해 올라가고 있다. 우리가 발로 밟는 생명은 수많은 환생을 거쳐 인간으로 태어날 것이고, 인간은 다시 살아 있는 뭔가를 발로 밟을 것이다. 나는 이것이 우리가 사는 우주를 가장 잘 보여주는 이미지 중 하나라고 생각한다. 우주라는 물웅덩이에서 영혼들 또는 살아 있는 모나드들이 위를 향해 올라간다. 소다수 병의 마개를 열면 거품이 위로 올라오는 것처럼 말이다. 영혼은 어디에서 오는 걸까? 어디로 가는 걸까? 영혼은 범주를 초월한 저 너머에서 와서 다시 저 너머로 간다.

그리고 기원전 11세기에서 7세기 사이의 조로아스터교 문헌에서는 세상을 완전히 긍정하지도 부정하지도 않는 제 3의 세계관을 발견할 수 있다. 자라투스트라에 의하면, 이 세상은 완벽한 세상을 창조한 빛과 진리의 신 아후라 마즈다Ahura Mazda와 세상을 파괴하고 부정하는 어둠과 거짓의 신 앙그라 마이뉴Angra Mainyu가 지배하고 있다. 세상은 완벽하지 못하지만 우리는 더 나은 세상을 만드는 일에 참여할 수 있다. 우리가 아후라 마즈다의 편에 서서 악과 싸운다면 잃어버린 선한 세상을 되찾을 수 있다. 이러한 믿음은 또한 타락과 부활을 이야기하는 기독교 교리에서도 볼 수 있다. 우리가 하는 행동, 예를 들어 기도나 선행이나 특별한 활동을 통해 세상에 변화가 일어날 수 있다고 말한다. 이러한 세계관은 개선의 신화를 제시해서 언젠가는 우리가 원하는 세상이 올 것이라는 전제 하에 세상을 긍정하고 현실에서 진보적이고 개혁적인 입장을 취하게 한다.

신화는 우리의 존재에 의미를 부여해주는 이미지 장치다. 우리의 마음은 언제나 의미를 추구한다. 그래서 어떤 규칙을 이해하거나 만들어내기 위한 노력을 포기하지 않는다. 이런 우리에게 신화는 뭔가 의미 있는 것을 하고 있다고 믿도록 만드는 게임을 제시한다. 우리는 그 게임에 참여함으로써 의미 있게 살고 있다는 긍정적인 경험을 한다. 사람들은 게임을 하는 것으로 산다. "이런 것들이 다 무슨 소용이야?"라고 진지하게 묻는다면 게임을 망칠 수 있다. 이것이 신화의 첫 번째 기능이다. 존재의 무시무시한 불가사의 앞에서 감사와 긍정적인 경외감을 느낄 수 있도록 하는 것이다.

신화의 두 번째 기능은 이러한 경외감을 불러오고 유지시키고 우리를 둘러싼 세상에 대해 설명해주는 이미지, 일종의 우주관을 제시하는 것이다. 신화의 우주관에서 진실 여부는 중요하지 않다. 니체는 믿는 사람에게 진실인지 아닌지를 묻는 것은 부질없는 일이라고 했다. 신화가 가진 이미지에서 무엇보다 중요한 것은 우리가 믿고 의지할 수 있는 것이다. 어느 성직자에게 그가 생각하는 고대의 우주관에 대해 의문을 제기해보라.

"당신이 얼마나 똑똑한지 모르겠지만 내 삶의 모든 것이 뿌리를 내리고 있는 이 훌륭한 세계를 감히 의심하는 거요?"라는 대답이 돌아올 것이다.

하지만 나는 그들이 그러한 우주관을 적어도 우리가 이해할 수 있는 방식으로 설명해야 한다고 생각한다. 나는 아폴로 10호가 달 탐사 여행을 하고 있을 때 무척 어리둥절한 느낌을 받은 기억이 있다. 크리스마스에 우주인 세 사람이 달 착륙을 위한 탐사 비행을 하고 있었다. 그들은 달이 얼마나 건조하고 삭막해 보이는지에 대해 이야기했다. 그러더니 크리스마스를 기념하는 의미로 창세기의 첫 구절을 읽기 시작했다. 그것은 그들이 눈앞에 보고 있던 우주와는 전혀 다른, 그들이 위치한 곳 아래쪽 어딘가에서 하느님이 7일 만에 평평한 3단 케이크와 같은 우주를 창조했다는 이야기였다.

그 때 나는 새삼 종교의 교리가 물리적 현실과 얼마나 동떨어져 있는지 실감했다. 기독교는 성경의 우주관이 5천 년 전 수메르인들이 주장한 것임을 인정해야 한다. 그 이후로 우주관은 두 번이나 바뀌었다. 프톨레마이오스의 천동설이 있었고, 4~5백 년 전에는 태양계와 회전하는 은하를 가진 코페르니쿠스의 지동설이 나왔다. 그런데 아직까지 창세기 첫 장에 나오는 그 허황된 천지창조 이야기를 글자 그대로 믿으라고 한다면 오히려 기독교 자체에 대한 불신을 불러오는 결과를 가져온다.

우리의 우주관은 이제 과학의 손 안에 있다. 과학의 기본적인 입장은 진실이 아직 밝혀지지 않았다는 것이다. 과학은 모든 발견을 이론에 불과한 것으로 여긴다. 과학자들은 언제라도 현재의 이론을 무용지물로 만드는 새로운 사실이 발견될 수 있다는 것을 알고 있다. 이런 일은 지금도 일어나고 있다. 과학계에서는 10년 전에 쓴 논문은 유효하지 않다. 계속 앞으로 나아가야 한다.

신화의 세 번째 기능은 특정한 사회 체제 즉, 한 사회의 기반이 되는 정의, 온당함과 부당함에 대한 공동의 가치관에 정당성을 부여하고 유지시키는 것이다.

전통 사회에서는 법과 질서에 대한 개념이 우주적 질서의 틀 안에서 유지된다. 다시 말해, 사회의 법과 질서를 우주의 질서와 마찬가지로 유효하고 명백하며 본질적인 것으로 여긴다. 예를 들어, 성서에 의하면 우주를 창조한 유일신이 있다. 바로 그 유일신이 시나이 산 위에서 모세에게 십계명이라는 율법을 전달했다. 따라서 그 법은 신성하며 우주의 법과 같은 정통성을 갖는다. '나는 봄여름에 해가 일찍 뜨는 것이 마음에 들지 않는다. 해가 좀 늦게 뜨면 좋겠다.'라는 말은 할 수 없다. 마찬가지로 '나는 한 끼 식사에 소고기와 우유를 다 같이 먹을 수 없다는 것이 마음에 들지 않는다.'라는 말도 할 수 없다. 두 가지 법은 같은 근원에서부터 나온 것이기 때문이다. 전통적인 신화에 기반을 둔 율법은 우주의 법칙과 마찬가지로 정통하며 비판 너머에 있다. 우리가 그 법을 바꿀 수는 없다. 그 법을 거스르는 것은 우리 자신을 부정하는 것이나 다름없다.

도덕률 역시 신으로부터 주어지는 것이므로 어느 누구도 '이 도덕관은 시대에 뒤떨어져서 우리를 혼란스럽게 만들고 있다. 합리적으로 바꿔야 한다.'라는 결정을 내릴 수 없다. 교회는 여기에 대해 아무것도 할 수 없고, 어떤 전통 사회도 마찬가지다. 도덕률은 곧 법이며 우리가 어떻게 할 수 있는 것이 아니다. 교황은 피임과 관련해서 이런 입장에 머물러 있다. 그는 하느님은 그 답을 알고 있다고 에둘러 말하는 것으로 질문을 피해간다.

『신곡The Divine Comedy』에는 베아트리체가 단테에게 천국을 안내하면서 거기 모여 있는 사람들을 가리켜 보이는 장면이 나온다. 그 사람들은 중앙에 삼위일체가 있는 순백의 거대한 장미 모양을 이루고 있었다. 그곳을 로즈볼(미국 캘리포니아주 패서디나에 위치한 미식축구 경기장—옮긴이 주)이라고 부르자. 거기 모여 있는 사람들은 모두 추락한 천사들의 자리를 대신하기 위해 창조된 영혼들이다. 베아트리체는 단테에게 그곳이 거의 다 채워졌다고 말한다. 그때가 1300년이었으니 이후로 어떻게 되었을지 생각해보자. 교황은 그 책을 제대로 읽지 않은 듯하다. 메시지는 이미 전달되었다. 어떤 시점이 되면 로즈볼을 그만 채워야 한다. 그곳은 지금 발 디딜 틈이 없다. 무엇보다 성서를 바탕으로 쓴 전통적인 고전이 그렇게 말하고 있지 않은가.

오늘날 인도에서도 카스트제도와 전통적인 금기가 세속의 법과 충돌하면서 갈등이 일어나고 있다. 몇 년 전 대형 힌두교 사원의 한

고위 성직자는 이런 말을 했다. "만일 영국인이 되고 싶다면 카스트를 어기시오. 하지만 인도인이 되고 싶다면 경전에 복종하시오."

힌두교의 브라만brahman이라는 개념은 창조주가 아니라 우주를 존재 속으로 불러오기도 하고 다시 가져가기도 하는 비인격적인 힘을 의미한다. 그리고 우주의 질서에는 인도의 사회질서인 카스트제도(인도의 세습적 신분계급 제도─옮긴이 주) 뿐 아니라 동식물을 지배하는 법들이 포함된다. 이것은 바뀔 수 없다. 그 법들은 우주의 질서나 다름없기 때문이다.

지금도 여전히 전통적인 관습을 마치 신이 정한 것처럼 말하는 사람들이 있다. 이를테면 낙태 문제에 대해 아무개 상원의원이나 아무개 목사는 하느님의 뜻을 따라야 한다고 말한다. 하지만 그 외의 다른 문제에서는 그런 말이 더 이상 통하지 않는 듯하다. 신의 법은 더 이상 국가의 법을 위한 근거가 될 수 없다. 사회 질서를 위해 적절한 목표는 무엇이고 어떤 제도로 그 목표를 구현할지는 국회가 결정한다. 우리가 영원히 앉아서 쉴 수 있는 반석 따위는 없다. 바위 역시 시간이 걸리기는 하지만 흘러가는 유동체다. 변하지 않는 것은 없다. 모든 것이 변한다. 어제의 미덕이었던 것이 오늘은 악덕이 될 수 있는 것은 분명하다.

그렇다면 신화의 네 번째 기능이 그 어느 때보다 중요한 시대가 되었다. 신화는 전통적으로 인간이 태어나서 사춘기와 노년기를 거쳐 죽음을 맞기까지 소속된 집단의 사회와 우주의 질서와 조화를 이루도록 이끌어가는 역할을 한다. 그 기본 목적은 아이들을 성숙하게 하고 노인들이 편안하게 지내도록 하는 것이다. 유아기는 복종과 의존의 시기다. 아이들은 부모에게 의지해 조언과 도움과 허락을 구한다. 하지만 조만간 더 이상 권위에 의지하지 않고 자립해야 하는 시기가 온다. 이 문제에서는 전통적 사고방식과 현대의 사고방식에 차이가 있다. 전통적인 사고방식에 의하면 성인이 되면 사회법을 무조건 따르고 대변해야 한다. 하지만 현대 사회는 사회 제도와 자기 자신을 평가하고 비평할 수 있는 개인의 능력을 요구한다. 그렇다고 해서 법을 무시하라는 것이 아니다. 다만 그것이 어떤 법인지 알아야 한다.

그러면 신화의 네 번째 기능에 대해 좀 더 길게 이야기하겠다.

신화는 개인의 정신 발달에 어떻게 작용하는가?

신화의 네 가지 기능 중에서도 정신적 기능은 모든 문화에서 볼 수 있는 가장 보편적인 현상이다. 개인의 정신적 발달에 대해 생각해보자. 18세기 북아메리카의 평원에 살던 수족 인디언이나, 옛날 아프리카 정글에 살던 콩고인이나, 또는 기계적으로 건설된 도시에서 사는 현대인이나, 인간은 누구나 요람에서 무덤까지 정신적 발달에서 매우 유사한 길을 걷는다.

인간이 다른 종들과 다른 첫 번째 차이점은 너무 일찍 태어난다는 것이다. 인간은 태어나서 거의 15년 동안 자기 앞가림을 하지 못한다. 사춘기는 12년이 지나야 오고 신체 발달은 20대 초반에 완성된다. 그 긴 시간 동안 아이들은 의존적 상태로 지내면서 어떤 자극이나 새로운 경험을 마주하면 부모에게 도움을 청하는 식으로 반응한다. 무슨 일이 생기면 먼저 부모를 떠올린다.

"누가 나를 도와줄까?"

"엄마와 아빠는 내가 어떻게 하기를 원할까?"

그러다가 어느 시점에서 사회는 의존적인 작은 피조물에게 스스로 책임지고 행동할 것을, 아빠나 엄마에게 도움을 청하는 것이 아니라 아빠나 엄마가 될 것을 요구한다.

고대문화에서 행하던 성인식의 기능은 정신적 변화를 불러오는 것이었고, 더하기나 빼기를 하는 능력과는 상관이 없었다. 스스로 책임을 지도록 하는 것이 중요했다. 가톨릭교회에서 주교가 견진성사를 할 때 뺨을 살짝 스치는 의례에는 원시 시대의 성인식이 남아 있다. 그것은 어린 시절을 뒤로하고 어른으로 깨어나라는 의미다.

아이들은 자라면서 권위에 복종하고 처벌을 두려워하는 태도를 갖게 된다. 그래서 항상 윗사람에게 허락을 받으려고 한다. 그러다가 청년이 되면 자립을 해야 한다. 20여 년 동안 권위에 복종하고 의지하다가 이제 스스로 책임을 지는 방향으로 가야 한다.

의존과 책임 사이에서 오락가락하는 것은 신경증적 질환이다. 신경증 환자들은 정신적 성숙으로 가는 문턱을 완전히 넘지 못한 상태에 있다. 그들은 새로운 경험을 하게 되면 우선 '아빠는 어디 있지?'라고 반응한다. 그러고 나서야 깨닫는다. '아, 내가 아빠지!' 심리상담을 받으며 훌쩍거리는 이 마흔 살 먹은 유아들은 먼저 의존적

으로 반응하고 나서 비로소 생각한다. '아, 그래, 나는 지금 어른이지.'

호주의 원주민 사회에서는 사내아이가 말썽을 부리기 시작해서 어머니가 다루기 힘들어지면 부족 여자들이 한자리에 모여 회초리로 아이의 종아리를 때린다. 그리고 몇 주 후에 낯선 남자들이 그들이 믿는 신의 모습으로 변장을 하고 소년의 집에 와서 온갖 종류의 악기를 불며 무시무시한 소리를 낸다. 소년은 무서워서 어머니에게 달려간다. 어머니가 아이를 보호하는 척하면 남자들이 쫓아와 소년을 데려간다. 소년은 어머니를 부르지만 소용이 없다. 그 상황을 직면해야 한다.

소년이 직면해야 하는 상황은 실제로 장난이 아니다. 남자들은 소년을 풀숲 뒤로 데려가 격리시킨다. 그날 밤 밖에서는 여러 가지 흥미로운 일들이 진행되는데 소년은 아무것도 볼 수 없다. 만일 소년이 말을 듣지 않고 몰래 구경을 하면 어떤 일이 벌어지는지 상상할 수 있는가? 죽임을 당하고 먹히게 된다. 그것은 청소년 비행을 예방하는 한 가지 방법이었다. 사회에 협조하지 않는 아이를 사전에 제거하는 것이다. 대신 착한 소년들만 살아남기 때문에 특별한 개성을 가진 구성원들로 이루어진 사회가 될 수 없다.

얼마 후 소년은 밖에서 일어나고 있는 광경을 볼 수 있는 기회가 주어진다. 열두어 살 정도의 소년은 겁을 먹은 채 칸막이 안에 자리를 잡고 앉는다. 무도장 끝에서 캥거루 분장을 한 남자가 앞으로 나온다. 그다음에는 우주의 개가 나와서 캥거루를 공격한다. 토템 조상에 대한 신화를 연극으로 재연하는 것이다. 가장자리에 앉아서 연극을 지켜보고 있는 소년에게 캥거루와 개의 분장을 한 건장한 남자 둘이 무도장을 가로질러 와서 덤벼든다. 계속해서 덤벼든다.

소년은 이제 캥거루와 개를 영원히 기억할 것이다. 세련된 공연은 아니지만 소년은 그 요점을 파악한다. 그 공연이 의도하는 목적은 단순하다. 소년이 갖고 있는 아버지와 어머니의 이미지를 부족의 조상 이미지로 바꾸는 것이다.

그리고 나서 더 많은 야외극이 이어지고 소년은 할례를 받는다. 그리고 추룽가tjurunga라고 하는 조그마한 특별한 물건이 주어진다. 그 물건은 소년의 상처를 치료하고 보호해준다고 여겨지는 일종의 개인적인 주물이다. 남자들은 소년에게 자신들의 피를 먹인다. 그들은 자신들의 몸을 칼로 그어서 흘린 피를 소년에게 뿌리고 피에 적신 빵과 수프를 먹인다.

의식이 모두 끝나면 소년은 더 이상 이전의 아이가 아니다. 많은 일들이 일어났다. 소년의 몸과 마음은 변화했다. 그들은 소년을 소녀들에게 돌려보낸다. 그리고 소녀들 중에서 그 소년에게 할례를 집도한 남자의 딸이 그의 아내가 된다. 소년에게는 선택권이 없다. '이런 건 싫어요. 다른 방식을 원해요.'라고 말할 기회는 주어지지 않는다. 이제 그는 확실한 남자가 되었고 그 무리에 속한 남자로서 마땅히 해야 하는 행동을 하게 된다.[14]

이런 사회들은 생존의 문제에 직면해 있고, 그 구성원들은 자발적으로 사회가 요구하는 방식으로 반응해야 한다. 그들은 사회의 필요에 맞게 길들여진다. 사회는 그들을 깎고 다듬어서 전체의 일부로 만든다. 독립적인 생각은 사양한다.

전통 사회에서의 정신적 성숙은 문화적 전통이라는 테두리 안에서 생활하는 것을 의미한다. 도덕 질서를 수호하고 강화하며 그에 따라 행동하는 것이다. 도덕 질서와 한 몸이 되어야 한다.

인도에는 남편의 시신을 화장하는 장작불 위로 아내가 몸을 던지는, 우리의 정서로는 이해하기 힘든 풍습이 있다. 이 오래된 의식은 사띠Sati라고 하는데 산스끄리뜨어로 '존재하다'를 의미하는 동사의 여성형인 사뜨sat가 어원으로, 남편을 따라감으로써 아내의 의무를 충실하게 수행하는 여자는 '존재'로 인정을 받는다는 의미가 있다. 사뜨에 복종하지 않는 여자는 아사뜨asat 즉 '비존재'가 된다.

하지만 현대의 문화는 이제 우리에게 다른 조건을 요구한다. 아이들에게 이성적이고 비판적인 개인이 되고, 스스로 삶을 책임지라고 가르친다. 이것은 어떤 아이들에게 너무 이를 수도 있지만 전체적으로는 위대한 창조성을 이끌어내는 힘이 된다. 현대 사회는 전통을 개인에게 확실하게 각인시켜 이전 세대와 유사한 삶을 살 것을 강요하기보다는 각자 개성을 살리고 표현하도록 격려한다.

인생에서 누구나 직면하는 또 다른 위기는 장년기에서 노년기로 접어들어 기력이 쇠하는 것이다. 의학이 발달한 요즘은 이런 위기가 늦게 찾아온다. 하지만, 언제가 되든 노년은 오기 마련이다. 사회 질서와 일치하지 않는 행동을 자제하고 시키는 대로 하다가 이제 직접 관리하고 지시하는 입장이 되었다 싶으면 얼마 안 가 힘을 잃기 시작한다. 기억력이 떨어지고, 물건을 손에서 놓치고, 하루가 저물면 더 피곤하고, 움직이기보다는 자꾸 누우려고 한다. 이제 이상한 머리 모양을 하고 활기에 넘치는 신세대에게 뒤로 밀려나기 시작한다. 사회가 제시하는 목표들을 달성하기 위해 전력투구하며 살던 사람은 이런 상황에서 정신적으로 급격히 무너진다. 그러면 그의 정신에너지는 그동안 마음속 깊은 곳에 갇혀 있었던 부분, 사회가 그에게 요구하지 않았던 영역으로 후퇴한다. 그곳에는 프로이트가 가처분 리비도Disposable Libido라고 부른 에너지가 잠재해 있다. 그 에너지는 그가 그동안 하고 싶어도 할 수 없었던 일들에 관심을 돌리게만든다.

여기 성공한 남자가 있다. 이제 그는 모든 것이 수월해지고 시간여유가 생기자 자신이 성취한 것들이 대수롭지 않게 여겨진다. 학생들에게 이런 말을 하고 싶지는 않지만, 어떤 목표를 기를 쓰고 달성하고 나면 그것이 그렇게 가치가 있는지 회의가 들 수 있다. 그래서그는 생각한다. "그래, 지금까지 이 모든 것을 얻기 위해 하지 못했던 것들을 해야겠다!"

그는 모든 것을 이룬 후에 은퇴를 하면 소싯적에 즐겨하던 낚시나 하면서 한가하게 보낼 생각이었다. 그는 이런저런 장비, 모자, 낚싯대, 낚시바늘, 다양한 미끼로 구색을 갖춘다. 이제 그는 정말 좋아하는 것을 할 수 있게 되었다. 오두막과 모든 것을 갖추고 나서 열두살 때 무척이나 좋아했던 낚시를 한다. 그는 물고기를 낚고 있다. 하지만 그의 무의식은 무엇을 기다리고 있을까? 인어를 기다린다.

그는 신경증에 걸린 것이다. 농담이 아니다. 이것은 주위에서 흔하게 볼 수 있는 현상이다. 젊은 시절 그는 낚시를 하기 위해 일했다. 그런데 갑자기 결혼을 해서 아이를 갖고 죽어라고 일을 해야 했다. 그런데 그동안 그의 안에서 또 다른 욕망이 자라났고 은퇴를 했지만 정신적으로 아직 낚시를 즐길 준비가 되지 않았다. 그는 여전히 여자들을 만나고 싶지만 그럴 수가 없다. 결국 그는 정신병원에 실려 가고 그의 무의식에서는 로렐라이가 아주 흉측한 모습을 하고 나타난다.

어머니들은 또 어떠한가? 우리 모두 어머니가 어떤지 알고 있다. 아마 그녀는 우리가 아버지라고 부르는 건장하고 고지식한 노인네를 만나기 전에 멋진 연인을 여러 명 사귀었을지도 모른다. 그러다 결혼을 해서 자식들에게 자신의 인생을, 자신이 가진 것을 모두 바쳤다. 그리고 마침내 아이들이 장성해서 출가하자 집이 텅 비게 된다. 그녀는 삶이 공허해지고 이유를 알 수 없는 분노가 일어난다. 사라졌다. 그녀가 지금까지 정성껏 보살펴온 모든 것이 사라졌다. 그녀는 화가 난다. 그래서 시어머니 또는 장모라고 부르는 사람이 된다. 손자를 돌보면서 창문을 닫아라, 창문을 열어라, 계란 프라이는 이렇게 해라 저렇게 해라, 하고 잔소리를 한다. 이것은 심각한 위기다. 그녀는 자신도 어쩔 수 없이 강박적으로 행동한다. 가끔 이러지 말아야지 생각하지만 곧 다시 반복한다.

나는 몇 년 전부터 이런저런 일로 국무부와 연고를 맺어왔다. 그곳 사람들이 하는 이야기를 들어보면, 그들에게 가장 어려운 일은 대사들과 대통령과 내각이 시키는 일을 하지 않고 버티는 것이라고 한다. 국무부 직원들은 전문가 그룹이다. 그들은 무슨 일을 어떻게 해야 하는지 알지만 단지 대리인에 불과하다. 그들에게 지시를 내리는 사람들은 대부분 선거 때 민주당이나 공화당에 돈을 쏟아 붓고 이곳저곳의 대사로 임명된 나이 많은 사람들이다. 국무부 직원들은 그들이 시키는 일을 최대한 천천히 처리하는 것이 피해를 줄이는 방법이라고 말한다.

신화는 이런 문제도 해결해야 한다. 요즘은 나이 먹은 사람들을 어떻게 대접해야 할지 모르지만 고대 사회에서는 알고 있었다. 노인들이 현명하다고 믿고 그들에게 조언과 동의를 구한 것이다. 원로원을 만들어서 노인들을 공동체의 중대사를 결정하는 일에 참여시켰다. 세대 차이가 크지 않았기 때문이다. 당시에는 노인들의 시대나 젊은이들의 시대나 거의 비슷했다. 젊은이들은 노인들에게 세상이 어떻게 돌아가는지 물었고 노인들이 알려주는 답은 어느 정도 일리가 있었다. 하지만 지금은 세상이 하루가 다르게 변화하고 있다.

마지막으로 노인들은 어두운 문을 열고 밖으로 나갈 준비를 해야 한다. 그래서 우리가 의연함을 잃지 않고 세상 밖으로 나갈 수 있도록 하는 신화들이 만들어졌다. 그런 신화들은 우리가 문 밖으로 나가면 그곳에는 아주 좋은 세상이 펼쳐질 것이라고 안심시킨다. 하프 연주가 들리고 먼저 세상을 떠난 이들이 우리를 반갑게 맞이할 것이라고 한다. 우리는 그곳을 좋아할 것이고, 오래된 친구들을 만날 것이므로 죽는 것을 두려워하지 말라고 타이른다. 유아원에서 아이들을 가르치듯이 말이다.

언젠가 바넘앤베일리 서커스단에 대한 이야기를 들은 것이 있다. 그 서커스단에는 예전에 괴물쇼라는 특별한 구경거리가 있었다. 50센트 정도를 내고 천막 안으로 들어가서 이런저런 괴물을 구경하는 것이었다. 표지판에는 '수염 난 여자' '세계 최장신의 남자' '살아있는 해골' 등의 제목이 쓰여 있었다. 볼거리가 아주 많았기 때문에 사람들은 좀처럼 밖으로 나가지 않았고 천막 안은 계속 북적거렸다. 사람들이 빨리 밖으로 나가도록 하려면 어떻게 해야 할까? 누군가 머리를 써서 '출구'라고 쓰인 표지판을 내리고 대신 '화려한 퇴장'이라고 쓴 표지판을 걸어놓았다. 그러자 모두들 '화려한 퇴장'을 보기 위해 밖으로 나갔다.

나는 최근에 로스앤젤레스에 갔다가 길모퉁이에 많은 사람들이 서 있는 것을 보고 동행인에게 물었다.

"저 사람들이 뭘 기다리고 있는 거죠?"

"디즈니랜드로 가는 버스를 기다리는 겁니다." 그가 대답했다.

이것 역시 사람들을 돌보는 한 가지 방법이다. 디즈니랜드는 알다시피 상상을 밖으로 투사投射한 것이다. 스스로 상상할 수 없는 사람들을 월트디즈니의 상상 속으로 들어가게 해주는 것이다.

이것은 바로 종교가 지금까지 해오고 있는 일이다. 종교는 신성한 존재들과 천사들, 저세상이 어떤 곳인지에 대해 생각할 거리를 제공한다. 그런 식으로 많은 즐길 거리를 주면 며느리나 주변 사람들을 덜 성가시게 한다.

하지만 우리는 신화에서 '저세상'이 가리키는 것이 무엇보다 우리의 '내면세계'(심리학 용어로 말하면)라는 것을 알아야 한다. 그리고 신화에서 '미래'라고 말하는 것은 바로 '지금'이다. 언젠가 영국 성공회 목사가 주례를 서면서 신랑 신부에게 이렇게 말하는 것을 들은 적이 있다. "미래에 영생의 자격을 얻을 수 있는 삶을 사십시오."

나는 그 말이 적절하지 않다고 생각했다. 그는 이렇게 말해야 했다. "지금 여기서 영생을 경험하며 사십시오."

왜냐하면 영원은 시간이 아니기 때문이다. 영원은 미래나 과거가 아니다. 영원은 현재에 있다. 영원은 인간의 정신적 차원이다. 정신적 차원은 영원하다. 우리 내면에서 영원의 차원을 발견하면 시간을 관통하는 삶을 살 수 있다. 개인과 역사를 초월해서 존재하고 경험하는 차원에 대해 생각할 수 있도록 해주는 것이 전 세계 신화 속에 살아있는 원형과 상징이다. 신화 속 원형과 상징을 올바로 이해한다면 어느 시대에나 우리 삶의 본보기로 삼을 수 있다.

2

그대가 바로 '그것'이다[15]

✳

모든 종교는 어떤 식으로든 진리를 말하고 있다.
다만 비유적으로 해석할 때 진리가 될 수 있다.

신화 탄생의 배경 [16]

누군가는 신화를 다른 사람들이 믿는 종교라고 정의할지 모른다. 그렇다면 나는 종교를 우리가 잘못 이해하고 있는 신화라고 정의하겠다. 내가 잘못 이해하고 있다고 말하는 이유는 교회 설립의 근거가 되는 사건들이 지닌 상징적인 의미보다 역사성을 강조하기 때문이다.

내가 아는 아주 재미있는 친구가 있다. 그는 장로교 신자였다가 힌두교에 관심을 갖게 되었고 뉴욕에서 20년 정도 힌두 승려를 보필했다. 그 다음에는 인도로 가서 자신이 힌두 승려가 되었다. 어느 날 그가 내게 전화를 해서 말했다. "이제 천주교도가 되기로 했네."[17]

교회는 교회일치운동(기독교의 교파들이 다양성을 인정하고 교류와 협력을 도모하는 운동—옮긴이 주)에 관심을 갖고 있다. 적어도 그들은 그렇다고 말한다. 그런데 막상 그들과 함께 대화를 나누어보면 사실은 그런 문제에 전혀 관심이 없다는 것을 알게 된다. 그들은 자기 것을 지키기에 급급하고 다른 체제들을 쓰러트릴 궁리만 한다. 힌두교 승려였던 내 친구는 로마 가톨릭 신자로 개종한 후 미국 예수회 잡지에 이런 글을 썼다.

"다른 종교를 그런 식으로 취급하면 안 된다. 만일 힌두교도나 불교도의 생각과 만나려고 한다면 그들이 생각하는 것을 알아야 한다. 단지 비판적으로 읽으면 안 된다."

그는 가톨릭 수도회에서 주관하는 대규모 모임에 참석하기 위해 방콕에 간 적이 있었는데 그곳에서 로마 가톨릭 수사들과 불교 수도승들이 함께 만나 아무 문제 없이 서로를 이해할 수 있었다고 했다. 그들은 모두 같은 경험을 추구하고 있었고 그 경험은 언어로 표현할 수 없는 것이라는 점을 알고 있었다. 언어는 단지 듣는 사람을 심연의 언저리로 데려가는 것이며, 목적지가 아니라 표지판을 보여줄 뿐이다. 신화는 비유를 사용해서 진리를 가리키지만, 우리가 종종 그러한 비유를 글자 그대로 이해하기 때문에 갈등이 생기는 것이다. 나의 오랜 멘토인 하인리히 침머Heinrich Zimmer는 말했다.

"가장 훌륭한 것은 말로 표현할 수 없다. 초월적인 진리는 표현이 불가능하다."

전 세계 종교들은, 북아메리카 평원에서부터 유럽의 산림지대와 폴리네시아의 산호섬에 이르기까지, 그리고 가장 원시적인 종교에서 가장 현대화된 종교에 이르기까지, 모두가 기본적으로 신화적 주제를 갖고 있다. 신화의 이미지는 우리 내면에 깊이 자리 잡은 기본적인 인간성을 표현하는 일종의 공통어다. 다만 지역에 따라 다양한 방식으로 표현될 뿐이다. 19세기 독일의 의사이자 인류학자인 아돌프 바스티안Adolf Bastian은 여행을 다니면서 다양한 민족들의 관습과 그 상징들이 갖고 있는 보편성과 지역성에 관심을 가졌다. 그는 상징의 보편성을 설명하기 위해 원소적 관념Elementargedanken이라는 용어를 사용했다. 원소적 관념은 어떤 문화에 속한 사람들이 경험하는 방식을 통해 그 존재를 확인할 수 있다. 또한 원소적 관념이 특정한 문화적 배경, 즉 민족의 배경에 따라 특유의 형태로 드러나는 것을 민족적 관념Völkergedanken이라고 불렀다.

예를 들어, 북유럽과 동유럽의 신화와 민담에는 어둡고 울창한 숲과 그곳에 도사리고 있는 무서운 늑대들이 등장한다. 폴리네시아에서는 대신 어둡고 깊은 바다와 무서운 상어들을 만날 수 있다. 인류학자나 사회학자라면, 북유럽인들은 숲과 늑대에게서 폴리네시아인들은 바다와 상어에게서 영향을 받으므로 그들의 신화적 모티프는 서로 비교할 수 없다고 말할지도 모른다. 하지만 같은 연극을 다른 두 지역에서 본 적이 있는 사람이라면 이런 생각이 틀렸다는 것을 알 것이다. 홍콩에서 중국인 남자가 연기하는 햄릿은 브로드웨이에서 유대인 남자가 연기하는 햄릿과 다르다. 하지만 우리는 홍콩의 공연을 중국 연극이라고 부르거나 뉴욕의 공연을 유대 연극이라고 부르지 않는다. 누가 어디서 공연을 하든 핵심이 되는 줄거리와 인물들의 관계는 동일하기 때문이다.

마찬가지로 인간의 의식이 미치지 않는 곳에 있는 어둡고 깊은 신비는 유럽에서는 어두운 숲으로, 폴리네시아에서는 깊은 바다로 표현된다. 그 신비 안에 있는 강력한 위험도 역시 다른 모습으로 나타난다. 늑대와 상어는 둘 다 원시의 두려움을 암시한다.

신화를 읽고 이해하는 것은, 다시 연극에 비유해서 설명하자면,

햄릿을 연기하는 배우가 중국인이나 유대인인지를 보는 것이 아니라 배우가 하는 역할을 보는 것과 같다. 늑대로 분장했든 상어로 분장했든, 어떤 역할이 무엇을 말하는 것인지가 중요하다. 누가 가르쳐주지 않아도 우리는 어느 부분에서 두려움을 느끼는지 알고 있다.

따라서 기독교의 동정녀 수태와 같은 상징이 우선적으로 의미하는 것은 역사적 사건이 아니라는 결론에 이른다. 그것이 설령 역사적 사건이라고 해도, 상징은 이미 그 자체로 의미를 갖고 있다.

기독교 전통에서는 '예수'와 '그리스도'의 의미를 구분하는 것을 중요하게 생각한다. '예수'는 역사적 인물을 가리키고, '그리스도'는 영원한 섭리, 하느님의 아들을 가리킨다고 한다. 그리스도는 성삼위 중 두번째 위격으로 시간을 초월하는 존재이며, 예수는 그러한 존재가 지상으로 내려온 성육신이다. 그들은 예수가 성육신으로 태어난 것은 특별한 역사적 사건이며 그런 점에서 힌두교와 다르다고 주장한다. 하지만 중요한 것은 예수라는 성육신이 태어난 사실이 아니라, 그런 기적 ─ 그리스도의 탄생, 삶과 죽음 ─이 우리 각자의 영혼에 영향을 미친다는 것이다. 독일의 신비주의자 안겔루스 질레지우스Angelus Silesius(1624~1677, 독일 종교시인)의 아름다운 시에 이런 구절이 있다.

가브리엘이시여, 당신이 마리아에게 말씀을 주시는 것이 저에게 무슨 의미가 있습니까? 저에게 말씀을 주셔야지요.[18]

위대한 신비주의자 마이스터 에크하르트Meister Eckhart도 말했다.

하느님에게는 예수가 베들레헴에서 태어났다는 것보다 그리스도가 성육신으로 태어났다는 것이 더 중요한 의미가 있다. [19]

사실 기독교인들이 역사적 사실이라고 주장하는 사건들은 실제로 일어난 일로 보기 어렵다. 예를 들어, 동정녀 수태나 예수의 승천을 역사적 사실이라고 한다면 또 다른 의문이 생긴다. 천국은 어디에 있는가? 하늘 위 어딘가에 있는 것인가? 우리가 알고 있는 우주관에 의하면 이런 생각을 진지하게 받아들일 수 없다. 우리가 실제로 알고 있는 역사학이나 물리학과 충돌하기 때문이다. 그 결과 우리는 종교적 상징에 대한 믿음을 잃고 거부하게 되었다.[20]

하지만, 역사적으로 입증되지 않는다는 이유로 신화의 상징이 갖고 있는 중요한 진실을 거부하는 것은 잘못이다. 상징은 우리의 의식을 보다 깊은 내면의 정신적 삶과 연결하는 역할을 한다. 상징을 잃어버리면 우리 내면에 있는 크고 작은 자아들을 연결해주는 장치가 사라지게 된다. 이러한 단절은 정신분열의 원인이 될 수 있다. 머릿속에 있는 세상이 눈앞에 보이는 세상과 분리되는 것이다. 이렇게 둘로 나누어진 세상에서 헤매는 사람을 정신병자라고 부른다. 그들은 저 아래 현실의 밤바다에 빠져 허우적거리며 악마들에게 시달린다.

신화는, 꿈이 그렇듯이, 우리의 상상에서 비롯된다. 꿈은 두 가지 종류가 있다. 하나는 삶의 우여곡절을 겪으며 부딪치는 단순하고 개인적인 소망과 좌절, 그리고 프로이트 심리학에서 말하는 꿈들이다. 그리고 우리가 비전이라고 부르는 또 다른 차원의 꿈이 있다. 그 꿈

속에서 우리는 개인적 지평 너머에 있는 보편적인 문제들, 위대한 신화들이 제시하는 문제들과 마주친다. 예를 들어, 끔찍한 재난을 당한 상황에서 어떤 힘이 우리를 지탱해주고 그 상황을 헤쳐 나가게 하는가? 그 힘은 우리를 도와주고 앞으로 나아가게 하는가, 아니면 아무런 도움이 되지 않는가? 그럴 때 우리 삶의 근간을 이루고 있는 신화가 시험대에 오른다.

중세 문명의 근간을 이루었던 신화의 이미지를 생각해보자. 그것은 인간의 타락과 구원이라는 신화였다(역사가 아닌 신화로서 의미를 지닌). 중세 문명의 목적은 구원의 메시지와 은총을 세상 사람들에 전달하는 것이었다. 그러다가 그러한 신화가 기초하고 있는 사실의 역사성에 대한 의문이 제기되자 신화를 재연하는 의례들이 거부를 당하면서 중세 문명이 해체되었다. 그 자리에 그리스와 로마의 사상들—유럽의 개인주의 정신—을 재발견하는 르네상스가 도래함으로써 마침내 우리의 의식이 알고 있는 사실들과 꿈, 비전, 믿음, 기대감을 일치시키는 문명이 발달하기 시작했다. 다시 말해, 새롭게 발견된 우주관과 개인의 정신적 욕구를 서로 연결하는 사회구조가 확립되었다.

앞에서 나는 전통적인 문화에서 신화가 본질적으로 신비적, 우주적, 사회적, 그리고 정신적인 네 가지 측면에 작용한다고 이야기했다. 그 중에서 신화의 우주적 기능과 사회적 기능은 이제 그 효력을 잃었다. 우리가 지금 우주에 대해 알고 있는 이미지는 종교적 전통 속에서 배운 이미지와 전혀 다르다. 또한 오늘날 사회 질서는 모세의 율법이 만들어졌던 시절의 사회 질서와 전혀 다르다. 우리는 도덕이 산 위에서 전달된 절대 불변의 진리가 아니라 우리의 판단에 따라 달라질 수 있다는 것을 알고 있다. 상황이 변하면 도덕 체계도 변한다. 어제의 사회법은 오늘 더 이상 유효하지 않다. 38년간 새러 로렌스 대학에서 학생들을 가르치며 내가 보아온 바로는 그동안 젊은 여성들의 성 윤리관이 변했다고는 생각할 수 없다. 세상이 달라진 것이다. 요즘 학생들의 행동을 30년 전의 사고방식으로 재단할 수는 없다.

현실, 과학, 사회는 계속 변화하고 나름의 방식으로 발전한다. 하지만 젊음, 성숙, 나이, 죽음과 관련된 정신적 문제들은 본질적으로 변함이 없다. 따라서 신화는 그 우주관과 사회관이 과학의 발달과 사회 변화로 인해 현실과 유리되었다고 해도, 정신적 관점에서는 어느 시대에나 재해석되고, 재경험되고, 재사용될 수 있다.

원시 사회의 신화

인간이 의식이 깨어난 이후부터 문자를 사용하기 이전까지의 원시 시대가 있었다. 지금도 어딘가에는 문맹 사회가 존재한다. 그곳 사람들은 자연과 더불어 생활하며, 또한 시간적으로나 공간적으로 시계가 매우 좁다. 이전 시기에 대한 기록이 없으므로 시간과 과거에 대한 개념이 부족하다. 그들은 시간을 초월해서 태초와 매우 가깝게 살고 있다. 그들의 할아버지 시대는 이미 신화의 시대다.

유사 이전 인류의 생활 방식은 대체로 두 가지로 구분할 수 있는데, 하나는 캐나다, 미국, 시베리아, 북부 유럽 등지의 드넓은 평원에서 생활했던 수렵 사회다. 그곳에서는 주로 남자들이 사냥을 해서 집에 먹을 것을 가져왔다. 또한 남자들은 사냥을 하면서 계속 다른 부족들과 부딪히기 때문에 싸움을 잘해야 했다. 이런 사회에서는 정신적으로나 사회적으로 남성이 중심이 되었고 용기, 능력, 성취를 찬양했다. 그들은 동물을 죽여서 먹고 동물 가죽으로 만든 옷을 입고 동물 가죽으로 만든 오두막에서 생활했다. 그들은 피의 세계에서 살았다. 원시인들은 동물을 죽이는 것이나 사람을 죽이는 것이나 별반 다르지 않다고 여겼다. 그들의 정신은 끊임없는 살육으로부터 자신을 보호하기 위해 죽음을 부정했다. 죽음 같은 것은 없다고 생각한 것이다. 동물을 죽이고 그 피를 흙에 돌려주는 의례를 행하면 죽은 동물이 다시 태어난다. 이러한 인식은 지금도 고기를 요리할 때 피를 완전히 빼서 먹는 히브리 전통의 유대인 율법에서 엿볼수 있다.[21] 히브리인들은 원래 수렵과 목축을 하던 민족이었다. 캐나다 중부의 카리부 에스키모도 유사한 신화를 갖고 있다. 그들은 동물이 사냥꾼에게 죽임을 당하는 것은 어떤 의례를 행해서 자신의 생명을 돌려줄 것을 알고 자발적으로 목숨을 내놓는 것이라고 믿었다.

짤막한 전설 하나를 들려줄 때가 된 것 같다. 수렵사회의 생활상을 아주 멋지게 묘사한 신화가 있다. 몬태나 주의 원주민 블랙풋족은 들소를 절벽 위로 몰고 가서 아래로 떨어트려 도축을 했다. 그런데 언제부턴가 들소 무리를 절벽으로 모는 일이 불가능해졌다. 들소들이 절벽을 피해 돌아가기 시작했기 때문이었다. 겨울이 오고 있었고 들소 고기를 구하지 못하면 모두 굶어죽을 판이었다.

그러던 어느 날 아침, 한 소녀가 가족이 먹을 물을 길러 밖으로 나갔다가 위를 바라보니 들소 무리가 절벽 위에 올라가 있는 것이 보였다. 소녀는 무심코 말했다. "너희들이 절벽에서 뛰어내려 준다면 누구라도 원하면 내가 결혼을 해줄게."

그러자 놀라운 일이 벌어졌다! 들소들이 너도나도 우르르 몰려가더니 절벽 아래로 뛰어내리는 것이 아닌가. 부족을 위해서는 다행스러운 일이었지만 곧 우두머리 들소가 소녀에게 다가와서 말했다.

"자, 이제 나와 같이 가자."

"안 돼요. 싫어요!"

"싫다고? 여기서 일어난 일을 봐라! 너는 우리가 절벽에서 뛰어내리면 결혼을 해주기로 했어. 그래서 모두들 네 말대로 뛰어내렸다. 그러니 나와 같이 가자. 이제 네가 약속을 지킬 차례야."

들소들은 소녀를 데리고 떠났다. 잠시 후 소녀의 가족들이 일어나서 둘러보니 딸 민네하하[22]가 보이지 않았다. 인디언들은 추적하는 법을 알고 있다. 발자국을 살펴서 무엇이든 알아낸다. 아버지는 들소들이 딸을 데리고 갔다는 것을 눈치 챘다. 그는 모카신을 신고 화살통을 메고 딸을 찾아 들소 발자국을 따라갔다. 그는 마침내 들소들이 와서 첨벙거리고 구르며 몸을 식히는 물웅덩이를 만났다. 그가 앉아서 잠시 생각에 잠겨 있노라니 까치 한 마리가 날아 내려와서 주변에서 먹이를 쪼아 먹기 시작했다. 까치는 매우 똑똑한 영물로 알려져 있다. 소녀의 아버지가 까치에게 말했다.

"오, 훌륭한 새여. 이 부근에서 내 딸을 보았는가? 들소들이 그

아이를 데리고 갔단다."

"사실은, 지금 저쪽에서 한 소녀가 들소와 함께 있답니다." 까치가 대답했다.

"그렇군. 그 아이에게 가서 아버지가 왔다고 말해주겠나?"

까치는 들소들과 함께 있는 소녀에게 날아가서 그 주위를 돌며 먹이를 쪼아 먹기 시작했다. 소녀 옆에는 남편 들소가 잠들어 있었다.

"자네 아버지가 저기 물웅덩이에 와 있다오." 까치가 말했다.

"이런, 큰일 났네. 들소들이 보면 제 아버지를 죽일 거예요. 아버지에게 가서 조용히 기다리면 내가 가겠다고 전해줘요."

그때 들소들이 눈을 떴다. 소녀 뒤에 있던 커다란 들소가 뿔통을 내밀면서 말했다.

"물을 좀 가져 오거라."

소녀는 뿔통을 들고 아버지가 있는 물웅덩이로 갔다.

"아빠, 아빠!"

"네가 들소들과 함께 다니게 할 수는 없다." 아버지가 딸에게 말했다.

"안 돼요, 아빠! 위험해요. 지금은 멀리 도망 갈 수 없어요. 기다리세요. 들소들이 곧 다시 잠이 들 거예요. 그러면 내가 이리로 올게요."

소녀는 다시 들소들에게 돌아갔다. 소녀에게서 뿔통을 건네받은 남편 들소는 쿵쿵거리고 냄새를 맡더니 말했다.

"쿵쿵, 쿵쿵, 인디언의 냄새가 나는걸."

남편 들소는 콧김을 내뿜으며 큰 소리로 고함을 질렀다. 그러자 들소들이 모두 일어나서 꼬리를 치켜들고 땅을 구르며 들소 춤을 추기 시작했다. 그들은 물웅덩이로 가서 소녀의 아버지를 발견하고 밟아 죽였다. 얼마나 짓밟았는지 그의 몸은 흔적도 없이 사라졌다. 소녀는 아버지를 부르며 서럽게 울고 또 울었다.

"아빠, 아빠!"

그러자 우두머리 들소가 말했다.

"그래, 너는 아버지가 죽었다고 우는구나. 아버지 한 명이 죽었다고. 우리 아내들과 아이들과 부모님들이 절벽에서 떨어져 죽은 것을 생각해봐라. 모든 것이 너와 네 부족들 때문이다."

"알아요." 소녀가 말했다. "하지만 어쨌든 제 아버지였어요."

남편 들소는 소녀가 측은해졌다.

"그럼, 내가 한 번의 기회를 주겠다. 만일 네가 아버지를 다시 살려내면 두 사람 모두 보내주겠다."

소녀는 까치에게 가서 호소했다.

"주변을 살펴서 우리 아버지의 몸을 한 조각이라도 찾아다 줄래요?"

까치는 물웅덩이 주변을 여기저기 다니다가 얼마 후 사람의 등뼈 조각을 찾아냈다. 소녀는 그 뼛조각을 땅 위에 내려놓고 그 위에 자신의 담요를 덮고 마법의 노래를 부르기 시작했다. 그러자 담요 아래서 뭔가가 나타났지만 움직임이 없었다. 소녀는 담요를 들추고 들여다보았다. 아버지가 온전한 모습으로 누워 있었지만 살아난 것은 아니었다. 소녀는 계속해서 노래를 불렀다. 그러자 담요가 들썩이더니 마침내 아버지가 다시 살아서 일어났다. 들소들은 깜짝 놀라며 말했다.

"너희가 우리를 죽였을 때에도 우리를 위해 이처럼 해주지 않겠는가?"

그래서 들소 사회 – 동물 사회 – 와 인간 사회 사이에 협정이 맺어졌다. 들소들은 인간들에게 들소 춤을 가르쳐주었고, 그 춤은 아메리카 평원에서 들소를 죽이는 부족들이 기본적으로 행하는 의례가 되었다.

이 블랙풋족의 신화는 전 세계의 수렵 사회에서 다양한 형태로 발견된다. 부족의 여자와 동물의 샤먼이 두 세계를 결합하기로 일종의 합의를 한다. 그 후에 동물들은 그들의 피가 대지로 돌아가면 다시 태어날 것이라는 생각으로 부족에게 자발적으로 죽임을 당한다.

이런 사회에서는 당장 먹을 것이 아니면 동물을 죽이지 않았다. 그들은 음식을 남겨서 버리면 동물들이 다음 해에 다시 돌아오지 않는다고 믿었으므로 필요한 만큼만 살생을 했고 죽은 동물들에게 감사를 표하며 다시 먹을 것을 가져다 달라고 기원하는 의례를 행했다. 이런 식으로 자연을 존중하면 지구가 황폐화되는 일은 없을 것이다.

그러다가 인간이 동물들을 이용하고 지구와 모든 것을 마음대로 해도 된다고 하는 서양의 신화가 등장했다. 그 신화에 의하면 하느님은 자신의 모습과 같은 형상으로 인간을 만들어서 바다의 물고기와 공중의 새와 온갖 가축과 들짐승과 땅 위에 기어 다니는 모든 생물을 다스리게 하였다.[23] 이제 이 세상 만물은 단지 인간이 지배하고 정복하는 것이 되었다. 이것은 무자비한 사고방식이다.

한편, 열대 지방으로 가면 그곳 상황에 맞는 또 다른 파이데우마적 신화를 만나게 된다. 파이데우마Paideuma란 아프리카 원시 문화를 연구한 레오 프로베니우스Leo Frobenius가 사용한 용어로, 문화가 물리적 배경-기후, 토양, 지형-에 의해 형성되는 경향을 의미한다.[24]

열대 지방의 기본 식량은 식물이다. 여기서는 누구나 바나나를 딸 수 있으므로 바나나를 잘 따는 것은 특별히 자랑할 만한 능력이 아니다. 이곳의 신화에서는 여성이 더 중요한 위치를 차지한다. 어머니가 되는 여자는 대지의 힘을 상징하는 존재다. 여자는 대지처럼 생산을 하고 대지처럼 영양을 공급한다. 따라서 이런 사회에서는 여자가 우위에 있다.

원시 농경사회의 기본적인 신화는 다음과 같다. 태초에는 시간이 흐르지 않았으며, 남자와 여자, 사람과 동물의 구분이 없었다. 그런데 갑자기 그들 중 누군가가 죽임을 당했다. 그의 몸이 잘리고 땅에 묻혔다. 그러자 그 땅에서 사람들이 먹고 살아갈 식물이 자라났다. 그것은 신의 선물, 신의 몸이다. 고기는 신의 살이고 음료수는 신의 피다. 이것은 우리에게 익숙한 신화적 모티프다. 게다가 바로 그 즈음 남자와 여자의 구분이 생기면서 번식이 시작되었다. 탄생과 죽음이 세상에 나타난 이러한 신화적 순간의 생명력을 되살리는 의례들은 그 내용이 매우 강렬하고 대개가 음산하다.

의례는 문화의 근간이 되는 신화를 재연해서 직접 참여하는 기회라고 할 수 있다. 의례를 행하는 것은 곧 신화를 재연하는 것이다. 열대의 원시 문화에서 신화를 그대로 재연하는 의례를 행하는 목적은 최초의 사건이 지녔던 힘을 되살리는 것이다.

　스위스의 인류학자 파울 뷔르츠Paul Wirz는 뉴기니 서부의 마린드-아님족에게서 원형의 신화를 재연하는 상당히 끔찍한 의례를 목격했다. 소년을 남자로 만드는 성인식 기간에는 3일간 일반 성인들 간에 난교가 행해진 후 마지막 의례를 진행한다. 부족이 한자리에 모여 조상의 목소리를 낸다는 커다란 북을 치며 춤을 추고 노래를 부른다. 그리고 신화의 시대에 입었던 평상복 차림을 한 소녀가 앞으로 나온다. 소녀는 거대한 통나무로 한쪽에 두 개의 기둥을 받쳐서 만든 비스듬한 지붕 밑으로 들어가 반듯이 눕는다. 그다음에 방금 성인식을 마친 십대 초반의 소년들이 안으로 들어가 소녀와 차례로 첫 성관계를 갖는다. 마지막 소년이 들어가서 소녀와 완전히 한 몸이 되는 순간 사람들은 통나무 기둥을 빼낸다. 그들 위로 통나무가 떨어진다. 그들이 죽으면 시신을 끌어내 토막을 치고 요리를 해서 먹는다.

　그렇게 해서 남자와 여자는 다시 한 몸이 된다. 생식과 죽음이 만난다. 그들을 먹는 것은 일종의 성찬식이다. 이 의례는 생명의 본질을 아주 생생하게 보여준다. 삶을 있는 그대로 긍정하도록 하는 의례들이 어떤 의미가 있는지 알 수 있다. 그것은 신화적 순간을 재연함으로써 우리의 의식으로 하여금 삶이 죽음을 먹고 산다는 무시무시한 사실을 받아들이도록 하는 것이다. 마지막으로 무너진 통나무 밑에서 시신을 끌어내 토막을 치고 요리를 해서 먹는 것에서는 모든 살생 의례와 성찬식이 상징하는 의미를 분명하게 볼 수 있다. 죽은 소년과 소녀는 신성한 힘을 상징한다.

이러한 원시 농경 사회에서는 남자들이 딱히 하는 일이 없었다. 일부에서는 성관계가 출산과 어떤 관계가 있는지조차 알지 못했다. 여자들이 집을 지었다. 여자들이 아이들을 키웠다. 여자들이 땅을 일구고 작물을 경작했다. 그러면 남자들은 무엇을 했을까? 남자들이 열등감을 느낄 만한 조건이다. 하지만 남자들은 적어도 자존심을 세우는 방법을 알고 있었다. 그들은 남자들이 항상 하는 것처럼 자신들만의 세계를 만들었다. 남자들만의 비밀스러운 모임에 여자들은 들어갈 수 없었다. 그 세계에서 남자들은 정신적인 만족과 할 일을 찾았다.

멜라네시아의 풍습에서 이런 예를 볼 수 있다. 남자들의 과제는 어머니에게서 벗어나는 것이다. 남자들은 갈 곳이 없다. 여자들이 모든 것을 주관하고 있을 뿐 아니라 또한 매력적이다. 여자들의 치마폭에서 벗어나기를 원하지 않는 남자들도 있다. 여기 한 가지 방법이 있다. 돼지를 사육하는 것이다. 이것은 두 단계로 진행된다. 소년을 위한 단계와 성인을 위한 단계다. 아버지는 소년에게 돼지를 애완동물로 준다. 소년은 어머니에게서 떨어져 돼지에게 관심을 갖는다. 작은 동물을 키우는 과제를 통해 의존적이 되지 않고 책임지는 법을 배운다. 그리고 소년이 돼지에게 헌신적으로 몰두하게 되었다 싶으면 그 돼지를 제물로 바치게 한다. 소년은 이제 자신이 사랑하는 것을 희생하는 법을 배운다. 그러한 희생을 감수하고 나면 또 다른 새끼 돼지가 주어진다.

소년이 성인이 되면 또 다른 모험이 시작된다. 남자들은 돼지를 이용해서 경쟁을 한다. 돼지의 위쪽 송곳니를 빼서 아래 엄니들이 위쪽으로 계속 자랄 수 있게 한다. 그러면 아래 엄니들이 자라면서 신기하게도 안쪽으로 말려들어가서 턱을 뚫고 나온다. 돼지는 고통 받기 시작한다. 그리고 먹이를 잘 먹지 못해서 비쩍 마른 정신적인 돼지가 된다. 돼지의 엄니는 계속 자라서 한 바퀴를 더 돌아 나오고, 정성껏 보살피면 세 바퀴까지 돌아 나올 수 있다. 돼지의 엄니가 한 바퀴를 돌 때마다 그 주인은 다른 수백 마리 돼지를 제물로 바쳐야 한다. 따라서 세 바퀴를 돌아 나온 돼지는 헤아릴 수 없이 많은 수의 돼지와 맞먹는 가치를 지닌다. 엄니가 한 바퀴를 돌아 나올 때마다 돼지 주인은 이름이 바뀌고 마치 메이슨 단원처럼 정신적 지위가 올라간다.

이 신화는 미궁의 모티프와 관련이 있다. 남자의 정신적인 삶은 그가 키우는 돼지의 엄니 길이와 연결되어 있다. 그 엄니는 그의 성장하는 내면을 상징한다. 여기서 돼지는 영험한 동물이다. 남자는 죽기 전에 둥글게 말린 커다란 엄니를 가진 돼지를 제물로 바쳐야 한다. 그럼으로써 그는 그 돼지의 힘을 흡수한다. 만일 남자가 돼지를 제물로 바치기 전에 먼저 죽으면 다른 사람들은 그것을 제물로 바칠 수 없다. 적어도 같은 수만큼 말린 엄니를 가진 돼지를 갖고 있는 사람만이 그럴 자격이 있다. 다른 사람들의 정신적인 힘으로는 그 돼지가 가진 에너지를 이겨낼 수 없기 때문이다.

돼지를 제물로 바친 남자는 죽을 때 그 돼지에게 얻은 힘을 지니고 지하세계로 들어간다. 지하세계로 가는 문에는 한 여자가 지키고 있다. 그녀는 그에게 지하세계의 미궁을 그려서 보여주고 그 절반을 지워버린다. 남자는 그 미궁을 다시 그려야 하는데, 남자들만의 은

밀한 세계에서 그것을 그리는 법을 배워서 알고 있다. 그는 마침내 자신이 제물로 바친 돼지의 영혼을 신에게 선물하고 지하세계의 화산불을 통과한다.

이것은 아득히 먼 원시시대의 이야기처럼 들리지만, 붓다가 세상을 떠난 이야기도 돼지와 관련이 있다. 붓다는 돼지고기를 먹고 열반에 이르렀다.(붓다가 먹고 열반에 든 음식에 대해서는 돼지고기, 연금술 약제, 버섯 등 여러 해석이 있다.—옮긴이 주)

붓다가 82세였을 때, 쭌다라는 대장장이가 그를 초대해서 공양을 올렸다. 붓다가 제자들과 함께 자리에 앉자 대장장이가 먹음직스러운 돼지고기 요리와 여러 가지 채소를 차려왔다. 그러자 붓다가 고기를 한 번 맛보고 나서 말했다.

"해탈에 이른 사람만이 이 돼지고기를 먹을 힘이 있다. 나는 이것을 먹겠지만 제자들에게는 내놓지 마라. 내가 먹고 나서 남은 것은 땅에 묻어야 한다."

많은 위대한 신들이 돼지나 돼지와 관련된 사람들에게 죽임을 당했다. 오시리스(이집트 신화에 나오는 대지의 신—옮긴이 주)의 동생 세트는 돼지 사냥을 하다가 오시리스를 발견하고 죽였다. 아도니스는 멧돼지에게 받혀 죽었다. 아일랜드 신화에는 켈트족 영웅 디어뮈드는 멧돼지를 죽이고 자신도 죽었다. 폴리네시아의 중요한 신들 중에는 젊은 돼지신, 카마푸아아가 있다. 카마푸아아는 화산의 여신 펠레의 연인이다. 정신적인 지위와 대리 죽음에 대한 이러한 신화는 아일랜드에서부터 열대 지방 전역에 걸쳐 퍼져 있다.

죽음에서 생명이 나오는 이러한 이미지로는 무엇보다 십자가에 못 박힌 예수라는 상징이 있다. 기독교에서는 예수의 죽음에서 영원한 생명이 온다고 말한다. 그리고 그보다 먼저 오시리스, 아티스, 아도니스, 디오니소스의 신화에서도 찾아볼 수 있다.[25] 성체 의례 역시 이러한 고대 신화의 축소판이다. 신화를 조잡하고 노골적인 물질적 형태로 표현하던 희생제의들은 문명의 발달과 함께 점차 승화되면서 정신적이며 상징적인 의미를 갖게 되고 우리의 몸과 마음을 위한 양식이 되었다. 종교적 의례들이 상징하는 것은 기본적으로 이처럼 인류 공통의 기본적인 배경에서 비롯된 것이다.

문화의 충돌

세계 문명은 크게 동양과 서양으로 나눌 수 있다. 그 두 영역을 나누는 선은 페르시아를 가로질러 간다.

페르시아 동쪽의 동양에는 독창적인 문명의 발상지 두 곳이 있다. 하나는 인도이고 다른 하나는 극동, 일본, 중국을 포함하는 동남아시아다. 두 지역은 각각 고립되어 있다. 인도는 북쪽에 히말라야 산맥이 솟아있고 바다로 둘러싸여 있다. 동아시아는 서쪽의 드넓은 사막들과 남동쪽의 바다로 둘러싸여 있다. 따라서 동양의 문명은 새로운 문물을 점차적으로 서서히 흡수했다.

페르시아 서쪽에 있는 서양 문명의 발상지는 중동 또는 레반트 지역이다. 그곳에서는 개인보다 사회와 그룹을 중요시했다. 그에 비해 구석기 시대의 수렵 지대에서 일어난 또 다른 문명권인 유럽에서는 원시 수렵사회와 마찬가지로 개인을 강조했다. 동양의 두 문명이 고립되어 있었던 데 비해, 서양의 두 문명 사이에서는 활발한 교류가 이루어졌다. 게다가 각각 북쪽과 남쪽에서 침입해 오는 폭력적이고 무자비한 유목민 전사들의 공격에 열려 있었다. 침입자들은 북유럽의 평원에서 소를 방목하는 아리아족과 시리아아라비아 사막 지역에 양과 염소를 키우며 살던 셈족이었다. 그들은 중앙 지역에 정착해서 생활하는 농민들, 장인들 상인들을 끊임없이 공격했고, 신관들이 우주의 순환 주기를 관찰해서 발견한 사실들로 관리하던 개화된 문명사회를 점령해서 지배 계급이 되었다.

여신을 숭배하는 사회와 그런 사회를 멸시하는 전사 민족 사이의 충돌은 서양 신화에서 중요한 모티프가 되었다. 구약은 신이 전사들에게 '너희가 경작하지 않은 밭에서 수확을 할 것이고 너희가 짓지 않은 집에 살게 될 것이다.'라고 선언하면서 시작된 전쟁의 역사다. 평화로운 작은 마을의 지평선 위로 흙먼지 구름이 일어나더니 다음 날 살아 있는 사람이 아무도 없다. 베두인족이 쳐들어와서 마을 사람들을 전멸시킨 것이다. 그리스인, 켈트족, 게르만족도 같은 사고방식을 갖고 있었다. 그들은 무서운 전사들이었다. 남성적인 신, 천둥의 신을 숭배하던 전사 민족의 신화는 땅을 기반으로 생활하며 대지의 여신을 숭배하고 자녀들에게 부를 물려주던 사회의 신화와 정면으로 대치되었다.

전사 민족의 신화에는 그 중심에 남성 신이 있다. 그들은 대지의 여신에게 열매를 가져다 달라고 기도하는 것이 아니라 다른 민족을 공격해서 빼앗아간다. 그들의 신은, 그 이름을 제우스, 여호와, 인드라, 토라, 뭐라고 하든지, 벼락을 내리는 신이다. 특히 대지의 여신이 많은 것을 베풀어주지 않는 사막에 살던 셈족은 사회 질서를 중요시했다. 아모린인, 바빌로니아인, 히브리인, 아랍인, 페니키아인 할 것 없이 셈족의 주신은 부족신이다.

만일 사람들이 믿는 신이 자연신이라면, 그리스인은 인도에 가서 이렇게 말할 수 있다.

"당신들이 믿는 인드라신은 우리가 믿는 제우스신입니다."

빵은 독일어로 브로트brot라고 부르든 불어로 빵pain이라고 부르든 다 같은 빵이다. 신도 마찬가지로 그 이름을 뭐라고 부르든 같은 신일 수 있다. 하지만 부족신을 믿는다면 당신이 믿는 신이 내가 믿는 신이라고 말할 수 없다. 셈족의 전통은 배타주의가 강하고 남성성을 지나치게 강조한다. 그로 인해 그들은 자신들을 세상의 다른 사람들과 구분해서 생각한다.

우리가 믿는 신이 최고라고 생각할 수는 있다. 하지만 다른 사람들은 자기들이 원하는 방식으로 신을 섬기고 우리만이 신이 원하는 방식으로 신을 섬긴다는 식으로 말하는 것은 적절하지 않다. 만일 당신이 믿는 신화가 특별하다고 생각한다면 다른 사람들이 믿는 신들과 비교해서 당신이 믿는 신이 어떻게 다른지 질문해보자. 당신은 신과 어떤 관계를 맺고 있는가? 특별한 관계인가? 세상에 둘도 없는 그런 관계인가? 아니면 다른 사람들과 같은 경험을 하면서 단지 특별한 이름으로 부르는 것이 아닌가?

성경에 대해 19세기에 밝혀진 가장 흥미로운 사실 중 하나는 구약의 모든 신화적 주제들이 수메르와 바빌론 문명에서 유래되었다는 것이다. 야만적이지만 육체적으로 강한 문명과 여신을 섬기는 세련된 문명 사이에 충돌이 일어났다. 물론 야만인들이 승리해서 점령지의 신화를 흡수한다. 구약은 전반적으로 남성신인 여호와가 언덕과 들판과 어머니 대지에 대한 숭배를 비난하는 내용이다. 여호와가 보기에 왕들이 나무 밑과 산꼭대기에 제단을 세우는 것은 자신에게 반기를 드는 행위였다. 결국 엘리야라는 광신도가 나타나 달을 관찰하는 사람들을 모두 살해하는 대량 학살이 일어난다. 이것은 여성적 체제를 억압할 것을 요구하는 무시무시한 남성적 신화다.

그 결과 어떤 일이 일어났는지 보자. 우주 질서에 대한 신화에 의하면 세상은 어머니 여신의 자궁 속에 있다. 우리는 그 여신의 자식들이다. 그리고 여신을 임신시키는 신들은 보통 동물의 모습을 하고 나타난다. 여신의 배우자들은 보조적인 역할을 한다. 여신이 주신이다. 우리가 처음으로 경험하는 대상은 어머니다. 아버지는 두 번째다. 아버지는 끼어들지 못한다. 누가 아브라함의 품을 원하겠는가? 그런데 원래 만물의 근원을 여신으로 그리던 신화들이 이제 남신인 여호와를 이야기하게 되었다. 이러한 변형은 낯설고 어색하다.

남자가 여자를 낳았다는 이야기를 들어본 적이 있는가? 그런데 구약의 창세기는 에덴동산에서 아담이 이브를 낳았다고 말한다. 남자가 여자 역할을 한 것이다. 히브리어로 아담adam은 '대지'를 의미한다. 인류는 대지로부터 왔다. 그런데 그것은 어머니 대지가 아닌 아버지 대지라는 것이다.

요즘도 재의 수요일이 되면 뉴욕 거리에서 많은 가톨릭 신자들이 이마에 재를 묻히고 다니는 것을 볼 수 있다. "너는 흙이니 흙으로 돌아갈 것이다."[26]

그들로서는 흙을 어머니 대지라고 부르는 것은 대지에 대한 모욕이었다. 그래서 그들은 독신의 남성신—세상에서 유일하게 여신이 없는 신화—을 만들었다. 그리고 다른 신화의 여신들을 혐오한다.

상징은 자연스럽게 우리의 정신에 말을 건다. 우리의 무의식은 상징이 무엇을 말하는지 알고 있다. 그런데 구약의 신화는 우리에게 '신은 아버지다.'라고 다른 말을 한다. 우리 정신은 말한다, '아니야, 신은 어머니야.' 그래서 우리는 정신병원에 간다. 모든 상징들이 앞뒤가 맞지 않는 말을 하기 때문이다. 토마스 아퀴나스는 『대이교도대전Summa Contra Gentiles』에서 말했다.

우리는 신의 존재가 우리가 말하거나 생각할 수 있는 모든 것을 훨씬 초월해 있다는 것을 이해할 때 비로소 신에 대해 알 수 있다.[27]

그런데 '인간의 생각 너머에 있는 존재'를 남성이라고 주장한다면 – 게다가 아내가 없는 남자 – 우리의 정신이 제대로 이해할 수 없다. 나는 이 문제가 매우 중요하다고 생각한다. 신의 성별을 강조하는 것은 부차적인 측면이며 혼란을 초래할 뿐이다. 그것은 원래 남성들이 부계사회의 우월성을 확립하기 위한 목적이었다. 아이스킬로스의 희곡 『아가멤논』이나 소포클레스의 희곡 『오이디푸스』가 보여주는 운명의 순환 고리는 남성적 체제와 여성적 체제가 대립하는 문제를 해결하고자 하는 시도로 해석될 수 있다.

그대가 바로 '그것'이다

　페르시아 동쪽에 위치한 인도와 중국의 신화를 보면 우주의 순환이 세상을 움직이는 섭리라는 생각이 현대까지 이어져 내려오고 있는 것을 알 수 있다. 문자만큼이나 오래된 인도의 다르마와 겁, 중국의 도道와 같은 개념들이 의미하는 것은 우주의 궁극적 신비 즉, 궁극적 존재는 인간의 생각과 모든 지식 너머에 있다는 것이다. 그 존재는 인간의 사고 범위 너머에 있다.

　"그 존재는 하나인가, 다수인가? 남성인가 여성인가? 선인가, 악인가?" 이렇게 묻는 것은 무의미하다. 이런 질문은 인간적인 범주에 속한다. "신은 존재하는가, 존재하지 않는가?"라는 질문도 무의미하다. 존재와 비존재라는 것도 인간적 사고의 영역에 속한 것이기 때문이다. 신은 모든 인간적인 사고 너머에 존재하며(또는 존재하지 않는다) 모든 구분을 초월한다. "신의 힘은 자애롭고 자비롭고 정의로운가? 저들보다 우리를 더 사랑하는가?"라고 묻는 것도 역시 어리석다.

　요점은 우리의 모든 생각을 초월하는 힘이 바로 존재의 본질이라는 것이다. 그 힘은 만물에 편재한다. 지금 여기에, 이 책의 종이 속에, 당신이 앉아 있는 의자 속에도 있다. 이러한 관점에서 보면, 우리는 어떤 물체를 취해서 그 주위에 원을 그리고 그 존재에 대해 탐구할 수는 있지만 그것이 정말 무엇인지는 알 수 없다. 그것은 의자이고 그것을 어떻게 사용하는지 알지만 그 본질적인 실체는 궁극적으로 불가사의하다. 의자라는 존재의 신비는 우주 자체의 존재의 신비와 동일하다. 따라서 어떤 대상이든―막대기, 돌, 사람, 동물, 등등―

원의 중심에 놓고 깨달음을 위한 화두로 삼을 수 있다.

일찍이 기원전 8세기에 찬도갸 우빠니샤드는 그 중심 사상을 따 뜨 뜨밤 아시Tat tvam asi. 즉 '그대가 바로 그것이다.'라는 한마디 말 로 요약했다.[28](여기서 '그것'은 세계를 움직이는 우주의 원리인 브라흐만을 가리 킨다─옮긴이 주) 힌두교, 자이나교, 도교, 불교와 같은 종교들은 개인 에게 우주의 신비, 존재의 신비와 동질감을 느끼도록 일깨운다.

'그것'은 우리가 소중히 여기는 우리 자신이 아니다. 그것은 우리 자신을 다른 사람들과 구분하는 '나'가 아니다.[29] 우리는 보는 자이 면서 또한 보이는 자이기도 하다. 우리는 우리 내면에서 신을 발견 해야 한다. 성육신은 단지 우리 안에서 그러한 기적이 일어날 수 있 다는 것을 보여주는 상징일 뿐이다. 인도의 도인들과 동양의 선승들 은 그러한 상징들이 모두 우리의 내면을 가리킨다고 말한다.

그에 비해 서양의 상식적인 세계관은 이원론이다. 나는 내 몸을 보고 있다. 따라서 나는 나의 몸이 아니다. 나는 내 생각을 알고 있 다. 따라서 나는 내 생각이 아니다. 나는 내 감정을 느낀다. 따라서 나는 내 감정이 아니다. 나는 경험하고 증거하는 자다. 나는 보는 사 람이다. 그런데 붓다가 와서 "보는 사람은 없다."고 했다. 우리가 뭔 가에 이름을 붙일 수는 있지만 그 이름은 그것이 아니다. 내 안에 있는 뭔가에 이름을 붙일 수는 있지만, 나는 그것이 아니며 그것이 기도 하다. 이 말은 자기모순적으로 들리지만 동양 사상의 핵심이 다.

이것은 또한 서양의 신비주의자들의 사상이기도 하다. 이러한 사 상을 설파했다는 이유로 많은 신비주의자들이 화형을 당했다. 페르시아 서쪽의 중동에서부터 전해진 기독교, 유대교, 이슬람교의 전통에 의하면 그들의 사상은 '신이 세계를 창조했으며 창조주와 피조물은 같지 않다.'는 확고부동한 진리를 거스르는 이단이기 때문이다.

하지만 서양의 종교들은 '나와 하느님은 하나다.'라고 말하는 것을 신성모독으로 여긴다. 예수가 십자가에 못 박힌 것도 바로 그런 말을 했기 때문이다. 그리고 900년 후에 위대한 수피 신비주의자 알 할라쥬Al-Hallaj가 같은 말을 했다가 역시 십자가에 못 박혔다. 알 할라쥬는 정교의 목적이 사랑하는 자와 사랑받는 자가 하나가 되고 신비주의자가 신과 하나가 되는 것이며 이는 바로 신비주의자가 간구하는 것이라고 했다. 그는 이를 나방과 불에 비유해서 이야기했다.

나방이 불을 보고 달려들어 유리창에 부딪치기를 거듭하다가 아침에 친구들에게 돌아가서 말한다.

"어젯밤에 정말 굉장한 것을 보았다네."

"그런 건 안 보는 게 좋아." 그의 친구들이 말한다.

하지만 그것이 고행자의 운명이다. 그 나방은 다음 날 다시 그곳에 가서 안으로 들어가는 길을 발견하고 마침내 자신이 사랑하는 것과 하나가 된다. 그는 불길이 된다.

알 할라쥬는 이처럼 절대자와 하나가 되는 경험을 통해 자아의식을 완전히 소멸시키는 것이 신비주의자의 목표라고 말했다. 하지만 정통 유대교는 신과 하나가 되라고 말하지 않는다. 그보다는 신과의 관계를 형성하는 방법들을 강조한다. 그러면 어떻게 해야 신과 관계를 갖게 되는가? 유대교에서는 유대인이 되어야 한다. 유대인 외에는 아무도 신에 대해 알지 못한다는 것이 오래된 성서적 교리다. 그러면 어떻게 해야 유대인이 되는가? 유대인 어머니에게서 태어나야 한다. 지극히 배타적인 종교다.

기독교 전통은 성육신, 기적의 증거, 교회의 설립, 그리고 교회의 연속성을 중요시한다. 그래서 그들이 특별히 중요하게 여기는 사건들의 역사성을 강조하고 객관적 사실임을 일관되고 끈질기게 강조한다. 그리스도는 죽음에서 부활했고 교회를 세웠다고 한다.

그런데 만일 그리스도가 죽음에서 부활하지 않았다면? 그가 동정녀에게서 태어난 신이면서 인간이라는 것이 사실일까? 이런 의심이 든다면? 어떤 제도를 통해 신과 관계를 맺어야 할 때, 그 제도가 말하는 것을 믿지 못하면 결국 신과 어떤 관계도 맺지 못한다. 완전히 분리되고 만다. 게다가 그리스도가 인간이면서 신이라면 우리는 어떤 방법으로 예수와 관계를 가질 수 있는가? 교회에서 세례를 받고 교인이 되어야만 한다. 이 또한 우리를 신으로부터 분리시킨다.

이슬람교 역시 선지자 무하마드가 한 말을 통해 알라에 대한 믿음을 설파한다. 결국 기독교나 이슬람교의 교리는 상징이 가리키는 것, 우리 자신, 우리의 내면에서 멀어지게 만든다.

하인리히 침머는 그의 명저 『인도 철학Philosophies of India』의 첫머리에서 서양의 문화는 인도가 3천 년 전에 마주했던 위기에 봉착해 있다고 지적했다. 우리는 더 이상 신화를 원시사회에서처럼 구체적인 방식으로 이해하면 안 된다. 이제 우리는, 인도인들이 먼저 깨달았듯이, 모든 신화적인 힘이 우리 내면에서 나온다는 것을 알고 있다. 하지만 그 힘이 우리 내면에서 오는 것이니만큼 다른 사람의 내면을 넘겨받을 수 없으며 인도가 겪었던 것과 같은 시험을 통과해야 한다.

나는 지금 인도의 상황이 우리보다 훨씬 더 낫다고 말하는 것이 아니다. 사실 인도는 아주 늙어버렸다. 늙으면 모든 것이 느슨해진다. 머리는 벗겨지고, 옷 갈아입는 것도 잊어버리고, 음식을 엎지르고 흘린다. 지금 인도가 그렇게 보인다. 노쇠한 문화가 과거를 다루는 방식을 넘겨받아서는 안 된다. 다만 그들에게 귀를 기울이고 영감을 받을 수 있다.

내가 이 세상 교회들에게 하고 싶은 말이 있다. 제단 위에는 상징들이 올라가 있고 우리는 그 상징들이 주는 교훈을 알고 있다. 그런데 그 상징들이 우리에게만 어떤 특별한 영향을 준다고 주장하는 독단에 빠지면 문제가 생긴다. 그들이 주장하는 그런 영향을 받지 못하는 사람들은 죄인이 되는 것인가?

교회의 중요한 기능은 상징과 의례를 통해 신의 메시지를 우리 각자가 경험할 수 있는 방식으로 보여주는 것이다. 성부와 성자와 성령이 서로 어떤 관계가 있는지를 이론적으로 가르치는 것보다 우리 내면의 동정녀 수태, 신비로운 신화적 존재의 탄생, 우리 자신만의 영적인 삶을 느끼도록 하는 것이 중요하다.

3
신화와 상징[30]

✧

신화의 상징은 우리의 정신에서 나오며 우리의 정신에게 말을 건다.

그 이미지들이 가리키는 것은 역사적 사건이 아니라

우리의 정신, 우리의 영혼이다.

신화는 어떻게 보편적 상징을 갖게 되었나?

신화는 상징으로 마법을 부린다. 상징은 에너지를 내보내고 흐르게 하는 자동 버튼과도 같다. 전 세계의 신화들이 공통적으로 갖고 있는 많은 상징들이 있는데, 어떻게 해서 그런지 궁금해진다. 서로 다른 다양한 문화에서 어떻게 보편적인 신화의 상징들이 나타나는 것일까? 이 주제는 다소 복잡하지만 몇 가지는 분명하게 설명할 수 있을 것 같다.

상징은 원래 우리의 정신 속에 들어 있는 것일까, 아니면 나중에 각인되는 것인가? 동물심리학자들의 실험에 의하면, 방금 알에서 부화한 병아리들은 매를 한 번도 본 적이 없는 데도 불구하고 머리 위로 매가 날아가는 것을 보면 숨을 곳을 찾아 달아난다. 비둘기가 날아가면 숨지 않는다. 나무로 만든 매의 모형을 줄에 걸어서 머리 위로 날아가는 것처럼 잡아당기면 병아리들이 그것을 보고 달아난다. 하지만 같은 모형을 뒤쪽으로 잡아당기면 달아나지 않는다. 이것을 생득적 방출기제Innate Releasing Mechanism라고 한다.

한편, 새끼오리가 알에서 부화할 때 처음 눈에 보이는 움직이는 사물을 어미로 여기고 따라다니는 현상이 있다. 이처럼 출생 직후 애착이 형성되어 지워지지 않는 것을 각인Imprint이라고 한다.

그렇다면 인간의 정신 속에는 생득적 반응과 각인된 반응 중 어느 것이 더 많을까? 병아리는 마치 머릿속에 매의 정확한 이미지가 새겨 있는 것처럼 행동하는 생득적 반응을 보인다. 그러면 이렇게 물을 수 있다. 그 자극에 반응하는 것은 무엇인가? 매를 본 적이 없는 병아리가 어떻게 그런 반응을 보일까? 그것은 병아리의 본능이라고 해야 할 것이다.

매의 실물이나 모형을 보고 병아리가 반응하는 것은 분석심리학자 융이 말한 원형Archetype의 대표적인 예다. 상징이 지닌 에너지가 집단적 이미지로 나타나는 것이다.

병아리가 태어나서 한 번도 본 적이 없는 매를 보고 반응하는 것과는 달리, 오리가 암탉을 따라다니는 것은 개별적인 반응이다. 오리와 암탉의 관계는 각인의 결과다. 각인은 아무 때나 우연히 뭔가를 보고 관심을 갖는 것이 아니라 정신적으로 준비가 되어 있는 특별한 순간에 이루어진다. 그 순간은 아주 잠깐에 불과하지만 일단 머릿속에 각인이 되면 절대 지워지지 않는다.

어떻게 전 세계의 신화, 종교, 사회 구조에서 보편적인 상징들을 볼 수 있을까? 만일 그러한 상징들이 인간의 정신 속에 이미 형성되어 있는 것이 아니라면 어떻게 이런 일이 가능한 것일까?

지금까지는 인간의 정신 속에 생득적 이미지가 있을 수 없는 것으로 알려져 있다. 그렇다면 각인이 중요한 요인이다. 신화의 보편적 상징들이 생득적인 기제로부터 나오는 것도 아니고 문화적으로 전

승되는 것도 아니라면 (문화는 매우 다양하므로) 거의 모든 개인들이 경험하는 공통적인 사건들이 있을 것이다.

우리는 유아기에 공통적인 경험을 한다. 어머니와의 관계ⓐ, 아버지와의 관계ⓑ, 부모의 관계ⓒ, 그리고 마지막으로 우리 자신의 정신적 변화ⓓ를 경험한다. 이러한 보편적 경험들로부터 동서고금의 신화에서 공통적으로 나타나는 모티프, 즉 원소적 관념이 생겨나는 것이다.

이 주제와 관련된 프로이트의 이론을 요약해보자.

프로이트 심리학은 우리 정신 속에, '나는 원한다.'라는 어떤 의지 내지는 욕망이 내재해 있다는 생각에 기초한다. 우리의 정신은 욕망하는 작은 기계다. 그런데 사회, 환경, 가정, 또는 신체적인 조건이 우리 정신의 욕망을 제어한다. 아이들은 원하는 것을 가질 수 없으면 떼를 쓴다. 그러다가 절대 안 된다는 것을 알면—할 수 없고 가질 수 없는 것—그 욕구는 무의식 속으로 들어간다. 훌륭한 부모는 아이가 해서는 안 되는 행동을 하지 않도록 다른 곳으로 눈을 돌리게 만드는 방법을 알고 있다. 그럼에도 불구하고 충족되지 않은 욕망은 아이의 정신 속 어딘가에 머물러 있다. 욕망과 금기의 긴장 관계는 우리의 정신 속에서 일종의 에너지로 존재한다. 그런데 에너지는 결국 방출하게 되어 있다. 이러한 에너지 방출은 무의식의 차원에서 일어난다.

이를테면, 우리의 의식이 완벽하게 도덕적이라고 생각하는 것—예를 들어 결혼—은 무의식적 차원에서 완전히 비도덕적 기능—근친상간—을 한다. 우리의 무의식은 금지된 경험을 즐기면서 또한 자신이 즐기고 있다는 사실조차 알지 못하게 금하고 있다. 만일 아무 이유 없이 불안감과 두려움을 느낀다면 무의식 속에서 금지된 욕망을 즐기는 것에 대해 보이지 않는 부모에게 상상의 벌을 받는 것이다.

우리가 주목할 점은 어떤 욕망이 무의식 속으로 들어갈 때 그 욕망을 금지하는 규정도 함께 따라 들어간다는 사실이다. 그래서 무의식 속에는 욕망과 금기가 긴장 관계를 이루고 있는 역동적 에너지 단위가 생긴다. 프로이트는 이것을 양가감정ambivalance이라고 부른다. 또한 우리가 욕망을 억제하고 또한 금기를 인정하고 받아들이는 과정에서 점차 사회 질서에 동화되는 것을 프로이트는 내면화introjection라고 이름했다. 문제는 지나치게 자주 욕망을 억눌러야 하는 좌절감을 겪으면 정신이 버티지 못하고 무너져 내리면서 현실적으로 무능해진다는 것이다.

프로이트는 아들에게 아버지가 최초의 적이라고 말한다. 그것이 아버지의 역할이다. 어머니는 "아버지가 집에 오시면 혼날 줄 알아라."라는 말로 나쁜 엄마의 역할을 아버지에게 전가하고, 아버지는 그 역할을 맡는다. 이런 아버지는 아이가 바깥세상에 나갈 수 있도록 지도하는 역할을 한다. 그래서 아이는 아버지를 미워하면서도 존경하는 양가감정을 갖게 된다. 아버지 역시 적어도 얼마 동안 아이가 아내로부터 자신을 멀어지게 만드는 상황을 원망한다. 결국 아이와 아버지는 서로에게 반감을 갖는다. 프로이트는 이러한 대립을 오이디푸스 콤플렉스라고 불렀다. 오이디푸스는 실수로 자신의 아버지를 죽이고 어머니와 결혼했다. 프로이트에 의하면 사내아이는 어떤 식으로든 이러한 욕망을 갖고 있다. 물론 남자아이는 오이디푸스 콤플렉스에 저항한다. 프로이트는 이것을 '햄릿의 고뇌'라고 이름했다. 햄릿처럼, 그는 말한다.

"아니야. 나는 아버지를 죽이고 싶지 않아. 나는 아버지를 깊이 존경하지만 어머니는 끔찍해. 어머니는 끊임없이 나를 유혹하고 부추겨서 아버지를 죽이도록 자극하고 있어."

그래서 그는 자신의 내면으로 들어가서 어머니를 파괴한다. 그리고 어머니가 상징하는 모든 것 – 여성, 세상, 우주, 생명, 존재 그 자체 – 을 혐오한다. 그는 여자를 가까이하지 않으며, 아버지의 이미지에 무조건 복종한다. 이것은 오이디푸스가 되지 않기 위한 과잉 반응이다. 프로이트는 모든 남자들이 햄릿이나 오이디푸스이거나 아니면 양쪽 모두라고 생각했다.

여자의 경우는 정반대다. 여자는 아버지의 사랑을 받기 위해 어머니와 경쟁하는 엘렉트라의 운명을 갖고 태어난다. 여자아이의 위기는 네 살 정도에 성별의 차이를 알게 되면서 찾아온다. 성별의 의미를 어느 정도 인식하게 되는 시점이 되면 여자아이나 남자아이나 모두 어머니에 대한 애착을 아버지에게로 옮겨간다. 이때 아버지의 역할은 이성이 두려운 존재가 아니라는 느낌을 갖게 해주는 정도에서 그친다. 딸을 남자와의 관계로 인도하는 역할을 하는 것이다.

이처럼 아버지는 아이들을 사회 질서의 영역으로 안내하는 정신적인 교육을 한다. 사회의 목표를 전달하고 어른의 역할에 대해 알려준다. 어머니가 신체적인 존재를 낳는다면 아버지는 정신적인 존재를 낳는 것이다. 이것은 가장 원시적인 문화의 신화에서나 고도로 발달한 문화의 신화에서나 끊임없이 반복적으로 나타나는 모티프다.

가정에서 기본적인 교육을 받고 나면 그다음에는 사회에서 자립할 수 있는 능력을 배워야 한다. 이것은 의존이라는 틀에 부은 회반죽이 석고로 굳어가기 시작했는데 갑자기 석고에게 개인적 책임이라는 다른 형태를 갖추라고 요구하는 것과 같다.

태어나서부터 청년기까지 마주하는 도전들은 정도의 차이가 있지만 거의 모든 인류가 공통적으로 직면하는 것이다. 인간의 정신적 발달은 어느 사회에서나 같은 방식을 요구한다. 때가 되면 건너뛰어야 한다. 그리고 어느 사회에서나 이러한 전환은 중요한 문제다.

원시 사회의 성인식은 정확히 이러한 전환을 위한 것이다. 아이가 어머니에게 의지하는 이미지를 의례를 통해 사회와 연결하는 이미지로 바꾸는 것이다. 문제가 생길 때마다 부모에게 달려가지 않고 도전을 당당히 마주하기 전까지는 진정한 어른이 될 수 없다. 사회의 구성원들이 기꺼이 자신에게 주어진 책임을 다할 수 있도록 하는 것은 언제 어디서나 중요한 과제다.

자아 구현의 의미

프로이트 이후에 알려진 바에 의하면 우리의 정신은 크게 두 층으로 이루어져 있다. 위쪽에는 개인의 의식이 있고 아래쪽에는 무의식이 있다. 개인은 의식이라고 부르는 손전등을 들고 있다. 만일 당신에게 몇 월 며칠 오전 10시 30분에 무엇을 하고 있었는지 묻는다면 아마 기억이 나지 않을 것이다. 하지만 수첩을 펼쳐서 '아무개와 만남'이라는 메모를 본다면 기억이 아주 선명하게 떠오를 것이다. 의식 속에는 없지만 언제라도 기억해낼 수 있는 부분, 프로이트는 이것을 전의식Preconscious라고 지칭했다.

하지만 태어나서 3일째 되는 날 어떤 장난감을 갖고 놀았는지 묻는다면 아무리 머리를 쥐어짜도 기억해내지 못할 것이다. 그 기억은 프로이트가 잠재의식Subconscious이라고 부른 무의식 속에 들어가 있기 때문이다. 중요한 사실은 태어나서 첫 4년 동안 우리 머리에 각인된 것들은 모두 무의식 속에 들어가 있다는 것이다.

우리의 무의식 속에는 프로이트가 이드Id라고 부르는 '욕망하는' 기계가 있다. 이드는 인간이 태어날 때부터 지니고 있다. 방금 태어난 아기의 이드는 자신이 언제 어디서 태어났는지 알지 못한다. 동굴에 살던 초기 신석기 시대에 태어났는지, 아니면 문명이 한창 꽃핀 시대에 태어났는지 모른다. 팀북투에서 태어났는지 아니면 워싱턴 D. C에서 태어났는지도 모른다. 이드가 아는 것이라고는 자신이 인간이라는 동물이며 또한 인간의 욕망을 가졌다는 것뿐이다. 다시 말해, 이드는 뭔가를 원하는 단순한 에너지다.

그런데 세상은 우리에게 말한다. "이러면 안 된다, 저러면 안 된다." 그래서 우리는 '해서는 안 되는' 이런저런 것들에 대한 욕망을 무의식 속으로 내려 보내기 시작하고, 그 결과 우리의 무의식 속에서는 사회가 요구하는 '해서는 안 되는 것들'과 이드가 욕망하는 '내가 원하는 것들'이 만나고 있다. 프로이트가 말하는 초자아

Superego는 '해서는 안 되는 것들'이 무엇인지 규정한다. 초자아는 부모와 사회의 목소리를 내면화해서 '이것은 하면 안 된다, 저것을 해라.'라고 지시함으로써 이드의 욕망과 균형을 맞춘다.

프로이트에 의하면, 자아는 개인을 현실과 연결하는 역할을 한다. 여기서 현실은 형이상학이 아닌 경험에 의거한 사실을 말한다. 지금 우리를 둘러싸고 있는 환경, 우리가 하는 행동, 우리의 몸, 나이, 사람들이 우리에게 이야기하는 사실, 우리에 대해 말하는 사실 등이 현실이다. 자아는 누가 가르쳐준 대로 따라 하는 것이 아니라 우리의 개인적인 판단에 따라 현실에 관여한다.

우리는 어떤 결정을 하고 나서 뒤늦게 '이런, 내 생각은 이게 아닌데.' 라고 깨달을 때가 있다. 주변의 요구에 의해서 하는 결정과 우리 스스로 하는 결정은 다를 수 있다. 스스로 책임을 지는 어른이 되어야 비로소 사회의 판단이 아닌 우리 자신의 판단을 내릴 수 있다. 만일 정신적으로 확실하게 독립하지 못한다면 계속해서 죄책감이 우리를 향해 북을 울릴 것이다.

반면 동양의 종교는 자아를 버리고 초자아가 불러주는 사회의 이상에 따라 행동하라고 말한다. 이러한 교리를 따른다면 현실이나 개인적 상황과 관련해서 자아를 체계적으로 발전시킬 수 없다. 현실의 어떤 상황과 관련된 문제에서 동양인과 대화를 나누다보면 종종 누구나 다 알고 있는 진부한 답변을 듣게 된다. 그들은 좀처럼 개인적인 생각이나 판단을 제시하지 않는다. 그 이유는 동양의 전통이 개인의 자아보다 사회적 규범을 중요하게 여기기 때문이다.

예를 들어, 인도의 『마누법전』을 보면 정해진 규칙을 따르지 않는 사람에게 끔찍한 형벌을 내린 것을 알 수 있다. 손자는 『손자병법』에서 작은 잘못에도 따끔하게 처벌을 해야 더 큰 잘못을 저지르지 않는다고 선언했다. 사실, 동양의 종교에서 말하는 자아의 의미는 프로이트가 말하는 이드와 같다. 따라서 모든 자아는 '욕망'이므로 지워버려야 하는 대상이다.

성경의 구약도 마찬가지로 '이렇게 해야 한다, 저렇게 해야 한다.'는 식의 메시지로 가득하다. 동양의 가르침과 정통 유대교의 가르침은 둘 다 절대적인 복종을 요구한다. 그런데 우리의 판단이 '해야 하는 것'과 다른 것을 요구할 때는 어떻게 해야 하는가? 하지 말아야 하는 것을 하고자 원한다면 어떻게 하는가?

앞에서 보았듯이, 동양의 사회 구조는 메소포타미아와 그 주변에서 청동기시대의 제사장이 통치하는 도시국가에서 확립되었다. 그 기본 원칙은 하늘의 질서를 본보기 삼아 여기 땅 위의 질서를 세우는 것이었다. 대우주는 질서정연하다. 중우주인 인간 사회와 소우주인 개인의 삶은 대우주의 설계를 반영해야 한다. 그럼으로써 위대한 조화가 이루어진다. 신화는 우주의 질서에 대한 이미지를 제시해서 개인을 사회와 우주와 그 신비에 연결하는 기능을 한다. 이러한 기능이 성공적으로 작용하면 우리는 모든 것 – 우리 자신, 사회, 우주, 저 너머의 신비 – 이 하나라는 것을 알게 된다.

이러한 세계관은 다음과 같이 요약할 수 있다. 삶과 존재의 궁극적 진리, 궁극적 신비는 절대적이며 초월적이다. 절대적인 것은 정의할 수 없다. 그림으로 그릴 수도 없다. 이름을 부를 수도 없다. 그림에도 불구하고, 절대적 존재와 절대적 신비는 또한 우리 내면의 현실이기도 하다. 내가 바로 그것이다. 절대자는 초월적이면서 또한 만물에 편재한다. 감각의 세계 너머에 있으면서 또한 우주 안의 모든 분자 안에 있다. 그것에 대해서는 어떤 말도 할 수 없는 동시에, 말할 수 있는 모든 것은 그것을 가리킨다. 모든 상징과 의례는 인간이 경험하는 세계에 포함되어 있으면서 또한 저 너머에 있는 초월적이고 내재적인 힘을 가리킴으로써 우리를 절대자와 합일을 이루도록 인도한다. 초월자와의 합일은 존재의 본질이다. 결론적으로, 동양 철학에서 자아 또는 개성은 우연에 불과하며 부차적이다.

이러한 체계 안에서 개인은 우주의 질서를 아는 신관들의 지시에 따라 주어진 역할을 다해야 한다. 신관들이 우주의 질서를 이해해서 지시를 내리면 개인들은 그들이 시키는 대로 움직인다. 이러한 질서를 산스끄리뜨어로 다르마dharma라고 한다. 다르마라는 단어는 '유지한다'는 의미를 가진 동사 드리dhr가 어원이다. 다르마는 우주의 질서다. 태양은 달이 될 수 없고, 쥐는 사자가 될 수 없듯이, 사회가 정해놓은 어느 계급으로 태어난 개인은 다른 계급이 될 수 없다. 출생이 그의 역할, 인격, 의무를 포함한 모든 것을 결정한다. 이러한 사회에서 교육의 목적은 개인들을 주어진 역할에 맞게 가르치는 것이다. 말하자면, 개인들은 프로이트가 초자아라고 부른 사회적 자아의 이상을 실현하는 것이 유일한 목표가 되어야 한다. 따라서 그들에게 '너는 무엇이 되고 싶은가?'라는 질문을 할 수 없다. 그들이 가는 길은 정해져 있으며 사적인 선택의 순간에도 사회에 순종해야 한다. 미래의 배우자를 결정할 때도 개인적 판단은 중요하지 않다. 사회가 대신 결정한다.

서양에서 신이 인간을 창조했다는 생각은 기원전 2500년경 셈족의 사르곤과 함무라비 왕조에서 나타났다. 신은 인간이 아니며, 신과 인간은 근본적으로 다르다. 모든 상징은 신과 인간의 관계에 관한 것이다. 그에 반해, 동양의 종교는 관계에 대해 이야기하지 않는다. 동양의 신은 인간과 마찬가지로 단지 위대한 질서의 현시일 뿐이다. 그 질서는 신보다 먼저 그곳에 있었다. 그 질서를 인도에서는 다르마, 중국에서는 도道라고 부른다. 초기 그리스에서는 모이라Moira, 초기 메소포타미아에서는 메Me라고 불렀다. 우주의 질서는 수학적이며 불변하다. 신이라고 해도 바꿀 수 없다. 신과 인간은 단지 그 질서를 따를 뿐이다. 책임 있는 시민이 되기 위해서는 주어진 역할을 완벽하게 수행하는 법을 배워야 한다.

　이러한 교리는 인도 사회의 계급 구조로 구현되어 있다. 인도에는 브라민, 끄샤뜨리야, 바이샤, 수드라의 네 계급이 있다.

　브라민은 '우주의 힘인 브라만과 접촉하거나 관계하는' 사람들이다. 브라만은 세상 전체에 스며있는 힘을 의미하는 중성 명사다. 브라민은 브라만에 대해 알고 그것에 대해 이야기하고 해석하고 경전을 쓰는 지도층 인사들이다.

　끄샤뜨리야는 법을 집행하는 사람들이다. 브라민이 이상적이라고 판단해서 제시하는 법을 집행한다. 비유하자면, 질서라는 칼을 들고 있는 팔의 역할을 한다.

　바이샤는 '이웃'을 의미하는 비스vis가 어원으로, 시민이자 상인들로 구성된다. 자산가, 지주, 고용주 등이 이에 해당된다. 세금을 내고 헌금을 바치고 수드라를 고용하는 사람들로 사회의 몸통이다.

수드라는 노예 계급으로, 교단에서 제외되기 때문에 자체적으로 종교적 스승과 마을의 성직자를 모신다. 힌두경전인 베다와 전통적인 힌두 브라만교는 재생족(성인식을 통해 비로소 진정한 힌두교인으로 다시 태어난다고 해서 붙여진 이름이다.─옮긴이 주)이라고 부르는 상위 세 계급에만 관여한다. 수드라는 다리 역할을 하며 나머지 하위 사회를 이끌어간다.

개인들이 계급에 따라 주어진 의무를 다하는 것은 곧 자아를 버리는 것이다. 수드라는 위에서 시키는 일을 하는 것으로 자아를 지운다. 바이샤는 일을 해서 돈을 벌고 빚을 갚고 가족을 부양하는 것으로 자아를 지운다. 끄샤뜨리야는 공정하게, 편견을 갖지 않고 공평무사하게 법을 집행하는 것으로 자아를 지운다. 끄샤뜨리야는 법을 완벽하게 집행하는 본보기가 되어야 한다. 그리고 브라민은 그 법에 대해 알아야 한다.

이 체계는 아웃카스트(카스트의 최하층인 수드라보다 더 낮은 계급으로 이들은 카스트제도에 속하지 않아 아웃카스트라고 하며 이들과 닿기만 해도 부정해진다고 하여 불가촉천민不可觸賤民, Untouchable이라고도 불린다.─옮긴이 주)라고 부르는 사람들 대다수를 사회에서 제외시켰다. 최근 벵골의 한 마을을 조사한 결과 주민의 절반 이상이 카스트제도에서 제외된 아웃카스트인 것으로 밝혀졌다. 그들이 사회 안으로 들어오는 유일한 방법은 비천하고 더러운 사회적 역할을 통해서이다. 아니면 교구 밖에서 따로 마을을 이루고 살아야 한다. 그 마을의 나머지 절반의 50퍼센트는 공예가들과 소작농들을 포함하는 수드라이며 아웃카스트들은 사실상 수드라를 위해 일하고 있다. 『마누 법전』에 따르면 만일 수드라가 베다 경전의 암송을 들으면 우연히 들었다고 해도 그의 귀에 끓는 납을 붓는 형벌을 내려야 한다고 하니 이러한 계급 제도가 얼마나 확고한지를 보여준다. 베다 경전은 힘의 지식이었고 정신적인 힘뿐 아니라 사회적인 힘을 갖고 있었다.

나는 요즘도 동양 학생들에게서 가끔 색다른 느낌을 받곤 한다. 그들은 모든 것을 그대로 받아들인다. 인도에서 제자는 스승의 권위를 절대적으로 인정하고 추호의 의심도 갖지 말아야 한다. 제자가 갖추어야 하는 제일 덕목은 산스끄리뜨어로 슈랏다sraddha 즉, 스승에 대한 절대적인 믿음이다. 동양의 스승은 제자가 하는 행동에 책임이 있다. 제자는 스승이 가르쳐주는 대로 행동하기 위해 노력하고 스승의 삶을 살게 된다.

반면 서양의 스승은 단지 정보를 나누어주는 사람이고, 제자는 그 정보를 자신의 경험에 비추어 마음대로 바꿀 수 있다. 나는 학생들에게 어떻게 살아야 한다고 말하지 않는다. 나뿐 아니라 서양에서는 어떤 스승도 그런 말은 하지 않는다. 우리는 학생들에게 스스로 판단하고 비판하는 능력을 기르라고 가르친다. 제자가 비판을 하면 버릇없는 녀석이라고 화를 내는 사람도 있을지 모른다. 하지만 스승이 가르치는 것을 제자들이 무조건 받아들인다면, 그 스승은 '나는 신이다. 나는 법이고, 선지자이고, 모든 것을 알고 있다.'고 말하고 싶어질 것이다. 이것은 분명 교육에 도움이 되지 않는다. 인도에서 스승이 어떤 존재인지를 짐작할 수 있는 다음과 같은 이야기가 있다.

어느 날 한 제자가 지각을 하자 스승이 묻는다.

"지각을 했구나. 왜 늦었느냐?"

"저는 강 건너편에 살고 있습니다. 그런데 강물이 불어서 평소처럼 걸어서 건너올 수 없었습니다. 다리도 없고 배도 없었습니다."

"그런데 너는 지금 여기 와 있다. 어떻게 왔느냐? 배를 탄 것이냐?"

"아닙니다."

"그러면 강물이 줄어들었느냐?"

"아닙니다." 제자가 대답한다. "저는 생각했습니다. '스승님은 나의 신이시다. 스승님을 생각하면서 강을 걸어서 건너야겠다.' 그리고 마음속으로 '스승님, 스승님, 스승님 …' 하고 부르며 강을 건넜더니 여기까지 무사히 올 수 있었습니다."

스승은 생각했다. '내가 나에 대해 모르는 것이 있었구나.'

제자들이 집에 돌아가자 그는 직접 강을 건너보기로 했다. 그는 강가로 내려가 아무도 보고 있지 않은 것을 확인하고는 '나, 나, 나 …'라고 마음속으로 자기 자신을 생각하며 강물로 걸어 들어갔다. 그는 돌처럼 물속으로 가라앉았다.

그가 진정한 스승이 되기 위해서는 그곳에 없어야 한다. '나'를 생각한다면 그는 더 이상 초월을 향해 가는 투명한 존재가 될 수 없다. 스승은 완벽하게 투명한 유리창이 되어 그가 가르치는 것이 빛처럼 자신을 통과하도록 해야 한다. 그렇게 해서 그를 통과해 나오는 진리는 시공간을 초월한다.

인도인들에게 다르마는 그들이 누구인지를 정의할 뿐 아니라 인생의 각 단계를 어떻게 살아야 하는지를 규정한다. 인생의 전반부는 속세에서 살아간다. 중년이 되면 출가를 해서 속세를 떠나는 것으로 인생의 후반부를 시작한다. 인도인들은 이러한 방식으로 사회적 의무, 다르마, 해탈의 개념을 하나로 결합할 수 있었다.

인생의 전반기는 다시 둘로 나누어진다. 그 전반부는 제자가 되어 다르마의 길을 배우는 일에 정진한다. 인도에서 제자는 스승에 대해 절대적인 믿음을 갖고 따라야 한다. 제자는 완벽한 복종을 통해 스승에게 자신의 리비도와 모든 정념을 집중함으로써 머리끝에서 발끝까지 스승과 하나가 되어야 한다. 스승을 모방하고 스승처럼 되어야 한다. 비판하지 말고 가르쳐주는 대로 고스란히 물려받아야 한다.

다음에, 인생 전반기의 후반부가 되면 성인이 되고 갑자기 가장이 된다. 입는 옷이 달라지고 새로운 의무가 주어진다. 그리고 한 번도 본 적이 없는 소녀와 결혼한다. 그 소녀도 그를 본 적이 없다. 벽이나 장막이 치워지면 두 사람은 처음으로 서로를 보게 된다. 이 순간은 특히 소녀에게 충격적이다. 그 남자는 그녀에게 신이나 다름없다. 그녀는 그를 숭배해야 한다.

남자는 가정을 꾸리고 살다가 40대 중반이 되어 그의 아들이 가장의 자리를 대신할 수 있는 나이가 되면 아버지로서 주어진 의무를 다하고 숲으로 들어간다. 속세에서 주어진 의무를 다하고 살았지만 그래도 그에게는 자아의 희미한 자취가 여전히 남아 있다. 이제 수행을 통해 자아를 완전히 지워버려야 한다. 그는 숲에서 스승을 발견하고 바나쁘라스타Vanaprastha, 숲속에 서 있는 사람이 된다. 진정한 요가는 자아의 모든 자취를 없애는 것을 목표로 한다.

자아가 완전히 사라지면 그는 후반기 인생의 두 번째 과정에 들어간다. 무아無我, 실체 없음, 비존재에 대한 지혜를 갖춘 비구인 유행승遊行僧이 되는 것이다.

인도인들이 삶에서 추구하는 네 가지가 있다. 이것은 인도 철학의 기본 주제이기도 하다. 첫 번째는 법 또는 다르마이고, 두 번째는 성공을 의미하는 아르타artha, 그리고 세 번째는 쾌락을 의미하는 까마kama이다. 이 세 가지는 세속에서 사람들이 추구하는 것이다. 그리고 출가를 하면 목샤mokṣa, 즉 해탈을 추구한다. 이것은 종종 '자유'라고도 번역이 되는데 자아에서 해방되는 것을 의미한다.

다르마는 사회가 부과하는 것이다. 사회는 개인의 다르마가 무엇인지 말해준다. 예를 들어, 바이샤로 태어난다면 그의 영혼은 바이샤 수준에 도달한 것이다. 따라서 그에게는 바이샤의 의례와 법이 적용된다. 다시 말해, 사회의 법은 정확하게 계급 수준에 부합한다.

꾼달리니kuṇḍalinī 요가는 쾌락의 원리인 까마와 힘의 원리인 아르타의 상호작용을 추구한다. 까마와 아르타의 두 가지 욕망은 사실 서양에서 말하는 이드의 두 가지 요소와 정확하게 일치한다. 까마는 쾌락을 경험하려는 욕망인 에로스이며, 아르타는 힘과 성공을 추구하는 욕망이다. 아르타와 까마는 본성의 목적이고, 다르마는 사회의 목적이다. 개인은 다르마의 천장 아래서 성공과 쾌락을 추구한다. 그 다음에 궁극적인 정신적 성취는 숲속에서 이루어진다. 그곳에서 스승으로부터 받은 가르침에 따라 수행을 하며 자아를 지우는 것을 목표로 한다. 이것은 서양에서 자아ego의 발전을 강조하는 전통과는 대조적이다.

서양 사상에서도 권력과 쾌락의 욕망에 대한 유사한 개념을 찾아볼 수 있다. 다만 인도의 전통은 그 두 가지 욕망을 사회적 미덕인 다르마의 정반대편에 놓는 데 반해, 프로이트는 이드의 욕망과 초자아의 요구 사이에 그 둘을 화해시키는 중재자로 자아를 제시한다. 프로이트는 인생의 초반부를 세 단계로 나누었다. 우선 인간은 유아기에 기본적인 충격을 모두 겪는다. 이 단계는 4세에서 7세까지 지속된다. 다음에 프로이트가 잠복기라고 부르는 7, 8세에서부터 11세 정도까지로 이 시기에 자아가 형성된다. 청소년기가 되면 신체적 성징이 발달하고 부모에 대한 애착과 걸어가면 달이 자신을 따라온다고 생각하거나 동물과 대화를 나누는 등의 어린아이다운 상상으로부터 벗어난다. 십대라고 부르는 이 시기에는 현실을 경험하고 학문을 익히면서, 신화적인 사고방식과는 다른 과학적 사고방식에 점차 눈을 뜬다. 현실을 판단할 수 있고 스스로 행동을 결정할 수 있는 등 다방면에서 과학적 사고능력을 갖추어야 하는 중요한 시기다.

하지만 과학적 사고를 중시하는 서양에도 불합리한 전통들이 우리 주변에 어지럽게 널려 있다. 예를 들어, 세례를 생각해보자. 나는 젊은 시절 살인자에게 사형 직전에 세례를 하는 것을 본 적이 있다. 그 의례는 모든 죄를 깨끗하게 씻어서 천국으로 직행할 수 있도록 해준다고 한다. 나는 그 남자의 영혼을 심판하려는 것이 아니지만, 그가 무슨 일을 저질렀든 머리에 물을 붓고 판에 박힌 문구를 외우기만 하면 어떤 신비한 일이 일어나서 갑자기 천국에 들어갈 자격이 생긴다고 말하는 교리를 믿어야 하는지 묻고 싶다. 얼마나 많은 사람들이 이 교리를 무조건 믿을 수 있겠는가?

어떤 상징들은 신학이라는 학문으로 발전되지 않았어도 실제로 우리에게 영감을 준다. 십자가에 매달린 영웅의 상징은 기독교 외에도 바위에 사슬로 묶인 프로메테우스, 포니족 인디언, 아즈텍인, 마야인을 비롯한 전 세계의 신화에서 볼 수 있는 모티프다. 이러한 신화에서 우리는 인간에 대한 사랑으로 은혜 – 속죄의 은혜, 불의 은혜 등 – 를 베풀기 위해 자신을 희생하는 영웅의 모습을 발견한다. 이런 영웅 이야기는 우리 가슴에 와 닿는다. 많은 것을 알아야 할 필요는 없다. 성자와 성부와 성신의 관계가 무엇인지 알지 못해도 상관없다. 그 자신을 희생해서 우리의 정신과 육체를 지켜주고 보살펴주는 존재에게 감사를 느끼고 삶의 본보기로 삼도록 하는 것, 이것이 중요한 의미를 지닌 신화의 기능이다. 전쟁에 나가 조국을 위해 목숨 바쳐 싸우는 것도 십자가 수난과 같은 영웅적인 행위다. 나는 이런 신화적 이미지들이 언제나 우리의 내면에 잠재된 숭고하고 위대한 측면을 움직일 수 있다고 생각한다.

4

자기의 실현

블리스를 따라가라.

사방이 벽으로 둘러싸인 곳에서

우주가 그대를 위해 문을 열어줄 것이다.

인격의 양면성[31]

앞에서 지나가는 말로 카를 구스타프 융을 언급했는데 이제 그의 사상에 대해 좀 더 자세히 이야기해보겠다. 프로이트의 계승자들은 종종 융이 프로이트의 제자였다고 말하지만 그런 주장은 완전히 잘못된 것이다. 두 사람은 동료였고 무의식의 작용에 대해 서로 다른 관점을 갖고 있었다.

프로이트는 성욕이 인간의 심리를 좌우하는 중요한 요인이라고 생각했다. 그는 아이들이 어머니에게 애착을 갖고 아버지를 두려워하고 이성에게 성적 관심을 갖게 되는 등의 모든 인간 행동의 중심에 성적인 드라마가 있다고 보았다.

심리학자 중에서 프로이트의 이론에 처음 도전한 사람은 융이 아니라 알프레드 아들러Alfred Adler였다. 아들러는 성이 아닌 권력 의지가 인간을 움직이는 주요 동인이라고 생각했다. 어린아이는 부모와의 관계에서 절대적으로 불리한 위치에 있다. 덩치 큰 어른 둘을 상대하면서 원하는 것을 얻어내야 한다. 그래서 부모를 구슬리거나 놀라게 하거나 하는 이런 저런 방법을 배운다. 게다가 아이는 자라는 과정에서 아들러가 말하는 기관 열등감Organ Inferiority을 갖게 된다. 예를 들어, 자신이 어떤 면에서 남달리 무능하다고 느끼거나, 외모나 행동이 특이해서 사람들의 눈총을 받을 수 있다. 또는 부모가 무심해서 제대로 보살핌을 받지 못할 수도 있다. 그래서 아이는 자신에게 부족한 부분이나 약점을 상쇄시키려는 의지를 갖게 되는데, 이것이 아들러가 말하는 열등감 콤플렉스다. 아들러는 열등감을 극복하려는 의지가 인간의 기본적인 충동이며 모든 인간은 성욕이 아닌 이러한 충동에 의해 행동한다고 주장했다. 실제로 아들러는 성 역시 자존감 향상을 위한 영역 ─ 정복해야 하는 영역 ─ 으로 해석했다. 다시 말해, 성적 활동도 권력욕에서 비롯된다는 것이다.

이 시점에서 융이 등장한다. 융은 우리의 정신이 실제로 성욕이나 권력욕을 발산하는 기본적인 에너지를 갖고 있다고 했다. 이것을 융은 기본적 지향성이라고 불렀다. 개인적인 권력을 추구하는 사람은 항상 자신에게 묻는다. "나는 어떻게 하고 있는가? 얼마나 잘하고 있는가?" 반대로 성 지향적인 사람은 에너지가 외부로 향한다. 사랑에 빠지는 것은 어떤 대상에게 자신을 던져 넣는 것을 의미한다. 우리가 보통 알고 있는 것과는 의미가 다르지만 융은 권력 지향형과 성 지향형을 각각 내향성과 외향성이라고 불렀다.

우리는 이 두 가지 성향을 모두 갖고 있지만 사람에 따라 어느 한 가지가 좀 더 강하게 나타난다. 예를 들어, 권력 지향성이 60퍼센트를 차지한다면 성 지향성은 40퍼센트가 될 것이다. 그러다가 기본적 지향성이 정상적으로 작동을 하지 못하는 상황이 되면 우리는 어쩔 수 없이 두 번째 지향성에 의지하게 되고, 그로 인해 열등한 인격이 전면에 나타난다. 열등한 인격은 강박적인 특징을 갖고 있다. 감정 조절이 되지 않고 목소리가 떨리고 얼굴이 달아오르고 화를 폭발한다. 열등한 인격은 우리를 잡고 뒤흔든다.

융은 이러한 반전을 에난티오드로미아Enantiodromia라고 칭했다. 그리스어 드로미아는 '달리다'라는 뜻이고, 에난티오는 '반대 방향으로' 라는 뜻이다. 따라서 에난티오드로미아는 '반대 방향으로 달린다'는 의미가 된다. 흥미로운 점은 종종 이러한 에난티오드로미아가 중년의 단계에서 일어난다는 것이다. 어떤 권력자를 예로 들어보자. 그는 인생에서 목표로 했던 모든 것을 달성했다. 아니면 적어도 정신을 바짝 차리고 살았다. 그런데 이제 그 모든 것이 부질없다는 것을 깨닫는다. 이런 순간이 오면 변화가 일어난다. 그에게 남아 있는 리비도, 정력은 어디로 향할까? 그 에너지는 반짝이는 쪽으로 향하고, 아버지는 아가씨들에게 눈길을 주기 시작한다. 모두들 어리둥절해한다. "아버지에게 무슨 일이 일어난 걸까?" 이것은 중년의 남자들이 흔히 겪는 신경증이다. 남자는 세상에서 모든 것을 이루고 은퇴를 하면 낚시를 할 생각이었다. 그는 11살 소년이었을 때 낚시를 무척 좋아했다. 하지만 그는 지금 물고기가 아닌 인어를 기다린다.

어머니로 살아온 여자의 경우에는 반대로 성 지향에서 권력 지향으로 바뀌는 에난티오드로미아가 일어난다. 아마 그녀는 젊은 시절 연인을 여러 명 사귀었을지도 모르지만 지금은 아름다운 댄스파티에 대한 추억만 남아 있다. 이제 그녀는 권력욕에 사로잡힌다. 자식들이 그녀에게서 멀어지자 상실감과 함께 권력 욕구가 일어난다. 그래서 잔소리가 심한 시어머니가 된다. '창문을 닫아라, 창문을 열어라, 아기를 욕조에 넣어라, 아기를 욕조에서 꺼내라, 이거 해라, 저거 해라' 잔소리를 한다. 이런 행동은 완전히 강박적이다. 우리 안에 숨어 있는 또 다른 측면이 나타나는 것은 섬뜩하고 무서운 일이다.

내 이야기가 과장되고 도식적이기는 하지만 실제로 거의 모든 사람들이 어느 정도 이런 위기에 처한다. 융은 중년의 위기를 통합의 문제로 보았다. 즉, 에난티오드로미아가 왔을 때 우리는 지금까지 밖으로 드러내지 않았던 또 다른 인격을 이해하고 통합할 수 있어야 한다. 융의 심리학적 접근 방식은 대체로 이러한 상호작용의 개념에 기초한다.

프로이트는 욕망과 금지라는 개념, 본질적으로 정신적 요소와 사회적 요소 사이의 충돌을 탐구했다. 융은 그 충돌이 개인의 정신에 내재하고 있다고 믿었다. 따라서 어느 한쪽 측면을 강화하면 다른 쪽 측면이 약화된다. 바그너의 『반지Ring』에서 알프레히트는 힘의 반지를 얻기 위해 라인강 처녀들의 유혹을 물리친다. 그는 권력 지향적인 남자다. 그와는 반대로 성 지향적인 남자는 말한다. "나는 역사를 만드는 일에는 관심이 없다. 단지 사랑을 원한다." 하지만 어느 시점이 되면 이 남자는 생각할 것이다. '그동안 나는 아무것도 이룬 것이 없구나.'

이러한 에난티오드로미아가 무서운 이유는 '너무 늦었다'는 회한이 밀려오면서 지나온 삶이 허무하게 느껴지기 때문이다.

융에 의하면 우리의 정신은 성욕과 권력욕이라는 지향성 외에도 또 다른 네 가지 기능에 의해 지배된다. 그 네 가지 기능은 서로 대립되는 두 쌍으로 되어 있다.

　우선 감성(또는 감정)과 이성이 있다. 우리는 감성과 이성의 두 가지 기능으로 주변에서 보는 것들을 분석한다. 감성이 발달한 사람은 주로 느낌으로 사물을 평가하며 예술, 삶의 음영과 풍요로움을 이해한다. 반면 이성적인 사람은 주로 사물의 경중, 유불리, 옳고 그름을 따져서 판단한다.

　융은 우리 문화가 남자들에게는 생각하는 기능, 즉 이성의 발달을 요구하는 반면, 여자들에게는 정서적인 기능, 즉 감성의 발달을 요구한다고 지적한다. 그런데 어느 한 가지 기능을 주로 사용하다 보면 다른 기능은 발달하지 못한다. 사용하지 않는 기능은 자연히 퇴화되기 마련이다. 과거에는 '여자와는 토론이 되지 않는다.'는 말도 있었다. 개인적인 감정으로 사물을 인식하는 사람과는 대화를 할 수 없다. 논리적으로 연결하고 충분히 심사숙고해서 판단하는 것이 아니라 느낌에 기초한 의견을 제시하기 때문이다.[32] 감정이 미숙하면 감상적이 된다. 감상적인 사람이 어떤지 알고 있을 것이다. 감정을 느끼지 못하는 잔인한 남자나 오로지 과학자로만 사는 남자 역시 인격적으로 미성숙하다. 그런 남자들은 대부분 취향이 진부하고 유치하다. 이성이든 감성이든, 열등한 기능은 우리의 무의식 속에 남아 있다가 언제라도 충동적으로 올라온다.

　그런가 하면 우리가 사물을 경험하는 방식을 결정하는 두 가지 기능이 있다. 감각과 직관이다. 우리는 지금 강의실 안에 앉아서 보이는 것, 소리, 냄새, 맛 등의 공격을 받고 있다. 그것들은 감각을 통해 우리에게 들어온다. 감각은 우리를 주변 공간과 연결한다.

한 학생이 강의실 안으로 들어온다. 우리는 그 학생의 능력, 그가 강의실에 들어온 이유, 그가 무엇을 하려고 하는지를 짐작한다. 이것은 직관이다. 직관은 정치적으로 중요한 능력이다. 직관은 타이밍과 가능성을 탐지한다. 직관적인 사람의 눈에는 미래와 과거의 개연성이 리본처럼 펼쳐져 보인다.

이 두 가지 기능 역시 하나가 발달하면 다른 하나는 퇴화된다. 직관이 뛰어난 사람은 감각 기능이 떨어진다. 물론 그 반대도 마찬가지다. 그러다가 인생의 어느 시점에서 열등한 기능이 전면에 나타나고 그로 인해 위기를 맞는다. 이러한 양면성 – 두 가지 기본 지향성과 네 가지 기능 – 은 모두 우리 정신 속에서 밀물과 썰물처럼 흐르고 있다. 에난티오드로미아로 인한 위기를 피하기 위해서는 서로 반대되는 기능들 – 내향성 대 외향성, 이성 대 감성, 직관 대 감성 – 의 균형을 맞추어야 한다. 태어날 때는 이 모든 기능들이 균형을 이루고 있지만 자라면서 어떤 기능이 다른 것보다 더 발달하고, 성인이 되어 사회에서 주어진 역할을 하다보면 어느 한쪽으로 치우치게 되는데, 인생의 후반에서 다시 그 균형을 찾아가는 것이 우리에게 주어진 과제다.

융은 또한 이러한 양면적인 특성들과는 별도로 우리 내면에 고정적인 정신 체계가 있다고 보았다. 그 체계는 학습되는 것이 아니라 타고나는 것이며, 또한 마치 손이나 눈이 진화하는 것과 마찬가지로 인간 정신의 일부로 진화한다. 우리 모두가 갖고 있는 이러한 정신 체계를 융은 집단무의식Collective Unconscious이라고 불렀다.

융에 의하면, 우리는 각자 자신의 삶, 에너지, 가능성 등을 아우르는 자기Self를 갖고 있다. 우리가 지닌 잠재성을 실현할 때 완전한 자기가 된다. 융은 자기를 둥근 원으로 표현하는데 그 중심이 어디인지는 알 수 없다. 무의식 깊은 곳에 있는 그 중심은 우리의 잠재성과 본능을 밖으로 밀어내 표출하게 한다. 그 힘은 인생의 전반부에 점차적으로 깨어나고 후반부에 다시 점차적으로 잠이 든다. 이것은 우리 내면에서 진행되는 것이며 마음대로 통제할 수 있는 것이 아니다.

우리의 자기는 자연과 우주를 향해 열려 있다. 자기는 그 자체가 자연의 일부이기 때문이다. 우리는 서로 다른 능력, 기관, 약점을 갖고 있고, 고유한 방식으로 경험을 한다. 따라서 우리는 각자 위대한 신비에 대해 특별한 깨달음과 감각을 갖고 있다. 어린아이는 이러한 자기에 의해 움직인다. 생물의 순수한 본능 시스템이 작동하는 것이다.

우리 내면에는 우리가 의식하지 못하는 수많은 욕망들이 있다. 충족되지 못한 욕망들은 무의식 속으로 떨어진다. 따라서 우리의 자기 안에는 모든 내용이 잠재되어 있다. 그에 반해 자아는 우리 자신에 대한 의식, 우리가 할 수 있다고 생각하는 것이다. 이러한 자아는 우리가 할 수 없다고 생각하는 것이나 금지된 것과 관련된 무의식의 기억에 의해 제재를 당한다.

만일 어떤 계획을 세우고 그 계획을 무산시키는 행동을 한다면 그것은 우리 자신을 방해하는 것과 같다. 뭔가를 하고 싶어 하지만 그것을 하지 않고 있다면 우리 자신의 또 다른 측면, 자기의 무의식적 측면이 방해를 하는 것이다. 자기는 의식과 무의식을 아우르는 전체이고, 만일 우리의 정신을 원으로 생각한다면 그 원의 중심은 자기의 중심이 된다. 의식은 그 중심의 위쪽에 있고 우리의 자아는 의식의 차원에 있으므로 자기에 대해 알지 못하는 측면이 있다. 자기의 무의식적 측면은 끊임없이 자아에게 영향을 미친다.

여기서 융은 자아에 대해 프로이트가 말한 것과는 다소 다른 정의를 내렸다. 융에 의하면, 자아는 의식의 중심을 결정하고 우리 자신을 세상과 연결시킨다. 다시 말해, 주변 세상과 작용하면서 경험하는 '나'가 자아다. 이러한 자아는 자기의 무의식 부분과 무관하다. 자아는 보통 의식 차원에 머물러 있다. 운전을 한다고 하자. 운전대를 잡고 길 가운데로 가고 있다. 하지만 그 도로에는 우리가 모르는 또 다른 차선이 있어서, 우리는 가운데로 가고 있다고 생각하지만 사실은 한쪽으로 가고 있는 것이다. 융에 의하면 사람들은 대부분 이런 식으로 삶을 운전한다. 자아를 온전한 자기 자신이라고 생각하는 것이다.

우리의 자아는 어린 시절에 나타나기 시작해서 점차적으로 우리 자신에 대해 확고한 생각을 갖게 된다. 자아가 어느 정도 확고해질 때까지는 감당하기 힘든 경험을 하는 것은 매우 위험하다. 자아가 파괴되면 현실 감각을 잃어버리고 정신분열 상태가 될 수 있기 때문이다. 따라서 자아가 중심을 잡고 바로설 수 있도록 해야 한다. 자기가 배라면, 자아는 배의 함장인 셈이다.

우리는 자라면서 사회의 구성원으로서 다른 사람들이 하는 것처럼 행동해야 한다고 배운다. 학교에 가면 어떤 진로를 정할 것인지,

어떤 일을 하면서 살 것인지 생각하기 시작한다. 이것은 우리를 묶어놓기 시작한다. 다시 말해 사회 환경이 우리를 이런저런 배역 속으로 밀어 넣는다. 그래서 마치 배우가 의상을 갈아입고 이런저런 역할들을 하는 것처럼 사회가 요구하는 여러 가지 역할을 수행한다. 융은 이러한 역할들을 페르소나라고 불렀다. 페르소나는 라틴어로, 배우가 무대에서 쓰는 가면을 말한다. 당신이 교사라고 하자. 당신은 일을 할 때 교사의 가면을 쓴다. 그런데 집에 가서도 자신을 교사라고 생각한다고 하자. 가족들이 당신과 함께 있고 싶어 하겠는가? 회사 중역이라는 것을 대단히 자랑스러워하는 사람들이 있다. 그들은 회사에서 중역이다. 집에 가서도 중역이다. 침대에서도 중역이다. 그래서 배우자를 실망시킨다.

따라서 가면은 배우 휴게실에 있는 옷장에 두고 다녀야 한다. 어떤 시간에 어떤 역할을 해야 하는지 알고 우리 자신과 페르소나를 구분할 수 있어야 한다. 따라서 우리 내면의 잠재성과 외면의 페르소나는 긴장 관계를 형성한다. 융은 우리 자신을 페르소나와 동일시하는 것이 가장 위험하다고 말했다.

우리의 자아는 내면과 외면의 긴장을 인식하고 그 둘을 화해시키려고 노력한다. 자아는 우리가 경험하는 현실과 접촉하게 하는 기능이다. 이러한 자아가 제대로 기능하도록 하려면 우리 자신의 가치체계를 확립해야 한다. 예를 들어, 판단하고 비판하는 능력을 길러야 한다. 우리에게 주어진 역할을 하되 그것이 우리 자신이 아니라는 것을 알아야 한다. 어떤 역할을 하든지 거기에 지나치게 집착하지 말라는 것이다. 페르소나는 단지 인생이라는 게임에 참여하기 위해 쓰는 가면에 불과하기 때문이다.

그림자와 자기실현

페르소나 콤플렉스에는 도덕관이 포함한다. 사회가 요구하는 도덕적 관습이 페르소나로 흡수되기 때문이다. 융은 이러한 도덕 역시 너무 진지하게 받아들이지 말라고 충고한다. 아담과 이브는 선과 악을 구분하게 되었을 때 에덴동산에서 추방되었다. 따라서 에덴동산으로 돌아가는 방법은 그 차이를 구분하지 않는 것이다. 무엇보다 그리스도가 제자들에게 말하지 않았던가. "네가 심판을 받지 않으려면 남을 심판하지 말라."[32]

어떤 사람을 페르소나의 내용에 따라 심판하면 우리도 역시 그것에 따라 심판을 받게 된다. 옳고 그름에 대한 편협한 정의 너머를 보는 법을 배우지 못한다면 온전한 인격체가 될 수 없다. 단지 특정한 사회 질서의 일부에 불과해진다.

우리의 자아의식은 우리가 입어야 하는 의상들, 즉 페르소나와 관련해서 발달한다. 각각의 의상이 우리의 양심에 맞는다면 의상을 많이 갖는 것은 좋은 일이다. 도덕관도 역시 페르소나의 일부다. 그런데 우리 내면에는 페르소나 체계에 포함되지 못하고 자아에도 포함되지 못하는 많은 것들이 있다. 그것은 우리의 자아와 정반대 편의 무의식 속에 묻혀 있는, 융이 말하는 '그림자'다.

그림자는 어떻게 만들어지는가? 사회는 우리에게 정해진 역할을 요구하고, 그 결과 우리는 개인적으로 생각하거나 행동할 수 있는 많은 것들을 삶에서 제외시켜야 한다. 사회는 우리에게 '이렇게 해라, 저렇게 해라' 또는 '이렇게 하면 안 된다, 저렇게 하면 안 된다'고 말한다. 그래서 우리가 하고 싶지만 하지 못하는 것들은 무의식 속으로 들어가 자리를 잡는다. 이러한 잠재성들은 무의식 속으로 이동해 들어간다. 이런 것들이 개인적 무의식을 구성한다.

융이 말하는 그림자는 우리의 본성 안에 있는 맹점과도 같다. 프로이트가 말한 무의식, 우리 내면에 억눌려 있는 잠재성과 기억이 바로 그림자다. 그림자는 우리 안에 잠재된 또 다른 인격, 또 다른 우리 자신이다. 우리가 인정하지 않으려고 하는 측면들이 묻혀 있는 쓰레기 매립지인 동시에 실현되지 않은 잠재성이 보관되어 있는 일종의 지하 금고이기도 하다.

그림자는 자아의 본성에 속한다. 다만 우리 눈에 보이는 않는 이면에 있을 뿐이다. 그림자는 신화에서 종종 괴물이나 용으로 등장한다. 그림자는 우리가 무의식 속으로 들어가려는 순간 심연으로부터 올라와 모습을 드러낸다. 그래서 우리는 그림자를 마주하기 두려워하며 아래로 내려가려고 하지 않는다.

만일 우리가 하는 역할이 너무 제한적이면, 그래서 우리 자신을 그림자 안에 너무 많이 묻어놓으면 삶이 무미건조해진다. 많은 에너지가 쓸모없는 것이 되어 저 깊은 곳에 모여 있게 된다. 그러다가 언젠가 에난티오드로미아가 닥치면 그동안 인정받지 못하고 무시당했던 악마가 으르렁거리며 빛 속으로 올라온다.

우리는 그림자가 그곳에 있다는 것을 모르고 있다. 친구들은 우리의 그림자를 볼 수 있고, 누군가는 그것을 보고 우리를 좋아하지 않을 수 있다. 하지만 우리는 그림자가 밖으로 나오지 못하게 억누르고 있거나 그곳에 있다는 것조차 알지 못한다.

어떤 사람이 왠지 모르게 마음에 들지 않는 이유는 우리 자신이 그런 사람이 될 수 있기 때문이다. 그렇지 않다면 그다지 마음에 거슬리지 않을 것이다. 어떤 사람이 긍정적으로나 부정적으로 우리를 자극하는 이유는 그에게서 우리 자신의 그림자가 투사投射된 어떤 것이 보이기 때문이다.

나는 당신을 사랑하지 않아요, 펠 박사.
그 이유는 알 수 없어요.
하지만 이것만은 아주 분명히 알아요.
내가 당신, 펠 박사를 싫어한다는 거예요.[33]

왜 아무 이유 없이 그가 싫은 것일까? 그가 나의 그림자이기 때문이다. 그에게서 나 자신이 그런 면을 갖고 있다는 사실을 인정하고 싶지 않은 것들이 보이기 때문이다.

자기를 중심이 있는 커다란 원으로 생각한다면, 의식은 그 위쪽에 있고, 자아는 의식의 중심에 있으며, 그림자는 저 아래쪽의 깊은 무의식 속에 있다. 그림자는 나의 일부이지만 나에게 맞지 않다고 생각해서 묻어놓은 것이다. 따라서 위험하고 파괴적인 측면뿐 아니라 우리 스스로 인식하지 못하는 긍정적인 측면들도 있다.

무의식에 내재된 원형들은 신화와 꿈에서 인격화되어 등장한다. 우주의 신비는 신으로 인격화된다. 자아는 영웅으로, 자기는 현자가 되어 나타난다. 그림자 역시 악마적인 인물로 인격화된다. 하지만 그림자에는 우리가 밖으로 표현하거나 행동에 옮기면 위험할 수 있는 감정들, 예를 들어 누군가를 총으로 쏴버리고 싶은 충동, 물건을 훔치거나, 속이거나, 파괴하려는 욕망을 담고 있지만, 또한 우리의 자아와 페르소나가 받아들이지 않는 다른 잠재성도 포함되어 있다.

한 목사는 내게 이런 말을 한 적이 있다.

"만일 하느님과 그리스도와 교회를 믿지 않으면 나는 아마 형편없는 인간이 될 겁니다."

"당신이 어떤 사람이 될 거라고 생각합니까?" 내가 물었다.

그는 대답하지 않았다.

"당신이 무슨 생각을 하는지 대충 알겠습니다. 하지만 아마 당신이 얼마 안 가 세상에서 쓸모없는 노인이 되면 그동안 하고 싶은 일들을 마음껏 하지 못하고 살았다는 후회를 하게 될 겁니다. 만일 당신이 하고 싶은 것을 한다고 해도 세상에 그다지 해악을 끼치지는 않을 겁니다. 그러니 그냥 하고 싶은 것을 어느 정도 하십시오. 그러면 그런 일들이 그렇게 나쁘지 않다는 것을 알게 될 겁니다. 그리고 이런 걱정은 더 이상 하지 않을 겁니다."

우리는 사는 동안 어떤 식으로든 그림자를 인정하고 실현하는 방법을 찾아야 한다.

다음은 성별의 문제가 있다. 남자는 남자다워야 한다. 사회는 남자에게 여성적 측면을 발달시키도록 허락하지 않는다. 그래서 남자는 무의식 속에 여성적 측면을 억누르고 있다. 그 부분은 페르소나의 적이다. 이것은 융이 말하는 아니마 즉, 남자의 무의식 안에 있는 여성성이다. 마찬가지로 여자는 무의식 속에 남성적 측면인 아니무스를 갖고 있다. 사회는 여자가 할 수 있는 행동을 제한한다. 여자가 남성적이라고 생각하는 것은 모두 그녀의 아니무스 안에 억눌려 있다.

아니마와 아니무스는 두 가지를 바탕으로 형성된다. 첫째, 우리는 생물학적으로나 정신적으로 양성의 특징을 갖고 있다. 하지만 사회는 우리가 갖고 있는 원형의 남성성이나 여성성 중에 어느 한쪽만을 강화하게끔 만든다. 따라서 다른 쪽 성은 안으로 숨어 들어간다. 둘째, 우리가 이성異性에 대해 생각하고 상상하는 것은 개인적인 경험에서 비롯된다. 사람은 누구나 어머니와 아버지가 있다. 우리는 각자 자신의 아버지와 어머니에게서 남자와 여자의 역할에 대해 구체적인 경험을 한다. 이렇게 축적된 경험에 의해 우리는 무의식 속에 이성에 대한 긍정적이거나 부정적인 환상을 갖게 된다.

이렇게 형성된 무의식 속 아니무스와 아니마는 밖으로 투사되는 경향이 있다. 만일 어떤 사람에게 왠지 모를 끌림을 느낀다면 무의식 속에 간직한 이상적인 이성상이 그에게 투사되고 있기 때문이다.

댄스파티에 완벽하게 훌륭하고 근사한 여성이 나타난다. 그녀의 주변에서 남자들이 서성거린다. 그녀에게 특별한 뭔가가 있는 것일까? 그녀가 눈빛에서 보이는 뭔가가 남자들에게 아니마의 투사를 불러일으킨다.

그렇게 해서 남녀가 만나 사랑에 빠진다. 하지만 결혼을 하고 나서 눈에서 콩깍지가 떨어지자 상대방에게서 아니마와 아니무스의 투사를 거두어들인다. 그들은 이혼을 하고 자신을 받아주는 다른 사람을 기다린다. 다시 구애를 하고 다시 실망한다. 그렇게 계속한다.

한 가지 부정할 수 없는 사실은 환상이 깨지는 것은 시간 문제라는 것이다. 이상형과 결혼을 했지만 현실적인 문제로 부딪치다보면 실망스러운 일들이 생긴다. 갑자기 우리가 투사한 이상형과 맞지 않는 특징들이 눈에 들어오기 시작한다. 이런 일이 일어나면 어떻게 할 것인가?

이런 상황을 해결하는 방법은 한 가지밖에 없다. 연민을 갖는 것이다. '내가 결혼한 사람은 나의 이상과 일치하지 않는다. 그는 인간에 불과하다. 하지만 나 역시 인간이다. 나는 분명 부족한 인간이고 그 사람과 만나면서 변화할 것이다. 그의 부족한 부분은 나 자신도 갖고 있는 것이다.' 인간은 완벽하지 않다. 우리의 사랑 – 욕정이 아닌 사랑 – 을 일깨우는 것은 인간의 부족함이다.

융에 의하면, 우리가 긍정적이거나 부정적인 아니마와 아니무스에 사로잡히는 것은 페르소나에 사로잡히는 것과 마찬가지로 잘못된 것이다. 거기서 자유로워져야 한다. 융은 이것을 일컬어 자기실현, 또는 개성화Individualization라고 했다. 우리 자신과 다른 사람들을 있는 그대로 볼 수 있어야 한다.

세상이 기대에 미치지 못한다고 불평하는 것은 어리석다. '뭐야? 세상이 나를 위해 준비할 수 있는 게 고작 이거야?' 이런 생각은 버리자. 세상과 그 안에서 벌어지는 일들을 인정해야 한다. 성 바울은 '사랑을 모든 것을 참고 견딘다.'[34]고 했지만 사실 우리 자신에게 지나친 희생을 요구하는 것은 자기파괴적이 될 수 있다. 하지만 우리가 하느님처럼 될 수는 없겠지만 노력은 해볼 수 있다. 아마 그다지 어렵지 않을 것이다.

토마스 만은 그의 초기 소설 『토니오 크뢰거Tonio Kröger』에서 우리가 투사한 가면 뒤에 있는 현실이 드러나 보일 때 어떻게 해야 하는지에 대한 해답을 제시하고 있다.[35]

주인공 토니오 크뢰거는 북부 독일의 작은 마을에서 자란다. 마을 사람들은 모두 푸른 눈에 금발머리, 건강한 몸을 갖고 태어나 편안하고 행복한 삶을 살아간다. 그들은 페르소나의 화신들이다. 토니오의 어머니는 이태리 아니면 지중해 지역 출신이다. 토니오라는 이름에서 그가 혼혈이라는 것을 짐작할 수 있다. 검은 눈에 검은 머리를 한 그는 예술가나 작가가 될 수 있는 민감한 감수성을 지니고 있다. 그는 금발머리의 건강하고 현실적인 사람들을 좋아하지만 그들과 어울리지 못하고 항상 관찰자의 위치에 있다. 토니오는 그들이 정말 멋지다고 생각한다. 춤을 추러 가면 그들을 동경하는 눈으로 바라본다. 그는 자신이 흠모하는 소녀를 바라보며 생각한다. "나는 꿈꾸기를 원하는데 너는 춤추기를 원하는구나." 그는 자신을 아웃사이더로 느낀다.

토니오는 예술가가 되기로 결심하고 또 다른 세계를 찾아간다. 그는 뮌헨으로 짐작되는 도시로 가서 요즘 같으면 히피라고 부를 수 있는 보헤미안들과 함께 지낸다. 그는 이상적인 세계를 꿈꾸는 사람들을 만난다. 그들은 그럴듯한 말로 세상이 잘하고 있는 것들까지 비웃는다. 그들은 이 세상이 자신들이 생각하는 이상에 미치지 않는다고 생각한다. 그들은 세상에 환멸을 느끼고, 냉정하고 오만하고 냉소적인 태도를 취한다. 토니오는 그들 역시 자신과 맞지 않는다는 것을 깨닫는다. 그는 이성적이고 이상을 추구하는 사람들을 존경하지만 또한 푸른 눈과 금발머리를 한 건강하고 행복한 사람들을 사랑한다.

토니오는 두 세계 사이에서 갈등한다. 한쪽에는 상상력이 부족한 현실적인 사람들로 이루어진 세계가 있고 다른 쪽에는 지적인 비평가들로 이루어진 보헤미안의 세계가 있다. 그는 결국 세상 사람은 모두 불완전하며, 불완전하기 때문에 여기에 있다는 것을 깨닫는다. 살아 있는 깃은 그 무엇도 우리가 꿈꾸는 이상에 미치지 못한다. 그는 마침내 연민을 가져야 한다는 것을 깨닫는다.

시인이나 미술가가 어떤 사람을 생동감 있게 묘사하기 위해서는 그의 부족한 면까지 숨김없이 드러내야 한다. 그러자면 그 자신이 주변의 불완전한 세계를 연민으로 포용할 수 있어야 한다. 우리의 사랑을 이끌어내는 것은 불완전함이다. 연민은 인간에 대한 환멸을 동료의식으로 변화시킨다. 세상에 기여하기 위해 필요한 것은 비판이 아닌 사랑과 자비심이다.

이것은 우리가 아니마와 아니무스의 환상을 극복하는 방법이기도 하다. 누군가에 실망하는 것은 우리 자신을 돌아보는 계기가 될 수 있다. 우리 자신 역시 불완전하기 때문이다. 세상은 불완전한 사람들로 구성되어 있고 돌아보면 아마 우리 자신이 가장 불완전하게 느껴질지도 모른다. 우리는 현실을 정확하고 냉정하게 파악하는 동시에 그런 현실을 사랑할 수 있어야 한다. 이런 깨달음은 결혼이라는 제도를 유지하는 데 도움이 될 수 있다.

이성은 대단히 매혹적이다. 특히 사춘기의 가장 강렬한 경험은 이성에 대한 호기심이다. 그러다가 생면부지의 사람을 보고 첫눈에 사랑에 빠진다. 그 사람이 방에 걸어 들어오는 순간 심장이 멈춘다. 어떻게 그럴 수 있을까?

토마스 만의 작품 중에 그가 처음 발표한 소설 『키 작은 프리데만씨Der Kleine Herr Friedemann』의 주인공은 왜소하고 볼품없는 남자다. 그는 어떤 식으로도 현실과 부딪쳐본 적이 없었다. 그런 그의 앞에 어느 날 아름다운 금발의 매력적인 여인이 나타난다. 그는 어찌할 바를 모른다. '맙소사! 맙소사!' 그는 처음으로 살아있음을 느꼈다. 세상의 문이 열렸다. 아니마가 나타나서 그를 이끌었다.[36]

이런 일은, 원하든 원하지 않든, 우리에게 일어난다. 하지만 인생에서 가장 큰 모험 중 하나가 꿈에 그리던 이상형을 만나 결혼하는 것이다. 이것이 위험한 이유는 우리 자신의 모든 것을 상대방에게 투사하기 때문이다. 우리의 내면에서 모든 것이 올라온다. 아니마와 아니무스는 무의식 전체를 잡아 올리는 낚싯줄이다. 저 밑바닥에 있는 모든 것, 미드가르드의 뱀(북유럽 신화에 나오는 바다뱀. 세계를 휘감고 돌아 자기 꼬리를 물고 있는데, 모순을 상징하며 종말을 예고한다.—옮긴이 주) 을 위로 끌어올린다.

한 남자가 융에게 자신이 꾼 꿈을 이야기했다. 높은 절벽이 있는

데 그 위로 뱀의 머리가 나타났다. 뱀이 절벽을 내려가기 시작하는데 얼마나 큰지 계속 내려가도 끝이 보이지 않더라는 것이었다. 그러자 융이 말했다.

"그 뱀은 당신이 지금 만나는 여자입니다. 그녀와 결혼하십시오."

그는 그 여자와 결혼해서 행복하게 살았다.

그런데 첫눈에 사랑에 빠진 사람과 결혼한다면 어떤 일이 일어날까? 그것은 우리의 무의식으로부터 투사된 뭔가와 결혼하는 것이다. 우리가 그 사람에게 씌워준 가면과 결혼하는 것이다.

그렇다면 어떻게 하는 것이 합리적인가? 어떤 교훈적인 조언을 할 수 있을까? 현실은 이상과 일치하지 않는다. 현실은 불완전하다. 그러면 어떻게 해야 할 것인가?

융은 모든 투사를 중지해야 한다고 말한다. 우리 자신을 페르소나의 투사와 동일시하지 말아야 한다. 또한 누군가를 아니마의 투사와 동일시하지 말아야 한다. 모든 투사와 환상에서 자유로워져야 한다. 이것이 융이 말한 개성화의 의미다.

융은 페르소나와 자기 자신을 동일시하는 사람을 마나Mana 인격이라고 부른다. 이런 사람을 보면 자신이 맡은 역할 외에는 자발적으로 하는 일이 없다. 개인적인 잠재성을 발전시키지 못한다. 단지 가면으로 살다가 힘이 줄어들면 – 실수를 하고 등등 – 점점 자신감을 잃는다. 가면을 지키려고 안간힘을 쓰면서 그림자를 점점 더 깊은 심연 속으로 들여보내다가 결국 페르소나와 자기가 완전히 분리되어 버린다. 우리는 그림자를 포용하고 흡수해야 한다. 그림자를 행동으로 드러내지 않더라도 인정하고 받아들여야 한다.

또한 아니마나 아니무스와 동화되지 말아야 한다. 이것은 또 다른 도전이다. 우리 내면의 아니마나 아니무스는 다른 사람들을 통해서만 확인할 수 있기 때문이다. 남자는 여자에게 항상 어떤 식으로 자신의 아니마를 투사하고 여자는 남자에게 항상 어떤 식으로 자신의 아니무스를 투사한다. 투사는 우리가 의도적으로 하는 것이 아니라 저절로 일어나는 것이다. 하지만 투사가 일어나고 있다는 것을 의식함으로써 거두어들일 수 있다.

사람이 사람이 될 수 있는 유일한 방법은 다른 사람들과의 관계를 통해서다. 그리고 관계를 유지하기 위해서는 우리 내면의 욕망이나 두려움을 투사하는 것이 아니라 측은지심을 갖는 것이다.

인생의 위기

우리의 무의식 속에는 그림자와 아니마뿐 아니라 우리가 지금까지 살면서 사용하지 않는 기능들이 잠재해 있다. 그러한 기능들이 위로 올라오는 에난티오드로미아가 일어나면 어느 순간 사이렌의 바위에 부딪쳐 난파하는 위기에 처할 수 있다. 우리의 삶에는 심각한 에난티오드로미아를 겪을 수 있는 네 가지 위기가 있다.

첫 번째 종류의 위기는 삶의 한 단계가 지나고 또 다른 단계에 접어들었는데, 그것을 모르는 것이다. 중년을 넘긴 남자가 골프 점수에 연연하는 것은 인생의 후반부 단계로 들어가지 못한 것이다.

융은 인생이 해가 떠서 지는 것과 같다고 말한다. 인생의 전반부는 태어나는 순간부터 사회를 향해 위로 올라간다. 그리고 후반부는 세상과 사회 참여로부터 멀어져 죽음을 향해 아래로 내려간다. 전반부에는 삶과 대결한다면, 후반부에는 죽음과 대결해야 한다. 또한 인생의 전반부와 후반부에 따라 신화의 상징들은 의미가 변화한다. 그런데 인생의 한 단계에서 다음 단계로 갈 준비가 되지 않은 상태에 있다면 위기가 찾아온다. 45세의 어른아이나 자기가 아직 35세라고 믿는 60세에게는 이런 과정이 힘들 수밖에 없다. 높이 떠있던 해가 기울고 있는데 그들은 해가 아직 중천에 떠있다고 생각한다. 하지만 해는 지금 내려가는 중이고 앞으로 더 내려갈 것이다. 우리는 내려가기 시작할 때를 알고 그 내리막길을 즐길 수 있어야 한다. 아래쪽에도 좋은 일들이 있다.

두 번째로는 삶에 여유가 생길 때 찾아오는 위기가 있다.

신발끈의 황제가 되기 위해 정신없이 일해 온 남자가 있다. 이제 전 세계에 신발끈 공장을 갖고 있는 성공한 사업가가 되었다. 이제 그는 더 이상 발버둥을 치며 올라서려고 하지 않아도 된다. 사업은 저절로 돌아간다. 비서들이 일을 잘 하고 있을 뿐 아니라 전보다 더 매력적으로 보인다. 갑자기 정신 집중을 방해하는 것들이 많아진다. 그의 가처분 리비도는 어디로 향할까?

성 지향적이던 외향적인 사람은 방향을 바꿔서 갑자기 권력을 추구하는 괴물이 된다. 아니면 모범적으로 살았던 해리 삼촌, 신발끈의 왕, 권력지향적인 남자가 늙은 호색한이 된다. 이러한 위기가 비극적일 수밖에 없는 이유는 그들 스스로 마음속 깊은 곳에서 이제 너무 늦었다는 것을 알기 때문이다.

인생의 후반부에 해결해야 하는 문제는 우리가 갖고 있는 열등한 기능들과 우월한 기능들을 통합해서 균형을 이루는 것이다. 융의 말을 빌리자면, 외향적인 사람은 성적 만족을 추구하고 내향적인 사람은 투쟁적인 경향이 있는데, 그 두 가지 측면이 조화를 이루는 개성화와 통합을 향해 가야 한다.

세 번째는 가치관이 송두리째 흔들리는 위기가 오는 것이다. 이런 종류의 에난티오드로미아는 종종 대학생들에게서 볼 수 있다. 그들은 대학에 가서 전혀 다른 문화에서 온 룸메이트와 함께 지내게 된다. 가난한 학생과 부유한 집안의 자녀가 만나고 기독교인과 무신론자가 만나고 유대인과 불교신자가 만난다. 그러다보니 누군가에게 유혹을 당하는 것이 아니라 다른 사람들의 상황과 생각을 알게 되면서 스스로 자신의 가치관에 의문을 갖게 된다. 한 대학생을 예로 들어보자. 그녀는 처음 사회학 수업을 들으면서 자신의 아버지가 다른 사람들의 피와 뼈 위에 부를 축적한 것을 알게 된다. 추수감사절에 집에 온 그녀를 보고 가족들은 뭔가가 달라진 것을 느낀다. 그녀는 머리도 매만지지 않고 꾸미지도 않는다. 그녀는 건너편으로 넘어가서 짓밟힌 무산계급의 깃발을 흔들고 있다. 얼마 전까지 아무것도 모르고 마냥 행복했던 것만큼 극단적으로 치우쳐 있다. 이것 역시 에난티오드로미아다. 반대편에 있는 모든 것을 해보는 것은 나쁘지 않다. 그것은 양탄자를 뒤집는 것과 같다. 사실 내가 가르치던 학생들은 가끔씩 양탄자가 뒤집어진 것처럼 보였다. 대학생의 신분으로 어느 정도 보호를 받을 수 있을 때 그런 일이 일어나는 것은 다행이다. 그들은 결국 양쪽을 통합해서 자신의 주관을 세우게 될 것이다.

네 번째는 매우 무시무시한 도전으로, 어쩔 수 없이 부도덕하거나 비열하고 수치스러운 결정을 내려야 하는 위기가 올 수 있다. 대표적인 예로 아브라함이 이삭을 제물로 바치는 이야기가 있다. 아브라함은 아들을 죽이라고 하는 하느님의 목소리를 들었다. 만일 아들을 제물로 바치지 않으면 하느님의 뜻을 거스르는 것이 되고 만일 아들을 죽인다면 아버지의 도리를 위반하는 것이다. 아버지는 아들을 죽일 수 없다. 우리에게도 고통스러운 결정을 내려야 하는 상황이 닥칠 수 있다. 대공황 시기에 내 친구들 중 실직한 가장들이 있었다. 그들은 가족의 생계를 위해 하지 말아야 하는 일들을 해야 했다. 그럴 때는 우리의 자아가 파괴되면서 무의식에 잠재된 모든 것이 올라오는 경험을 한다.

인도 전통에서는 나이가 들면 모든 사회적 역할을 그만두고 숲속으로 들어가 자아를 완전히 지우는 것이 목표라면, 융은 온전한 자기, 개성화를 향해 가는 것이라고 했다. 이것은 정확히 그리스의 사상과 일치한다. 중년에 오는 에난티오드로미아로 인한 위기를 피하기 위해서는 서로 반대되는 기능들 – 성욕 대 권력욕, 이성 대 감성, 직관 대 감각 – 의 균형을 맞추어야 한다. 태어날 때는 모든 기능들이 균형을 이룬 존재였다가 자라면서 어떤 기능들이 다른 것들보다 더 발달하고, 성인이 되면 사회에서 주어진 역할을 맡으면서 어느 한쪽으로 치우치게 되는데, 마지막 단계에서 다시 온전한 존재로 돌아가는 것이 우리에게 주어진 과제다.

융이 말한 개성화는 결국 모든 투사를 거두어들임으로써 가능하다. 우리가 생각하는 윤리관—우리가 지켜야 한다고 생각하는 도덕적인 생활 방식—이 페르소나로 자리잡고 있다는 사실을 깨달으면 투사라는 심리 작용이 매우 깊고 위협적이라는 것을 알게 된다. 우리는 상황에 적절하게 도덕을 입고 벗을 줄 알아야 한다. 도덕을 우주의 진리와 동일시하면 안 된다. 사회법은 영원한 법이 아니라 사회적 관습이므로 목적에 따라 적절하게 다루어져야 한다. 개인은 자신의 행동에 대해 스스로 판단을 내려야 하고 사회 질서를 유지하는 관리자들이 우리의 행동을 오해하거나 불이익을 주지 못하도록 감시해야 한다. 개성화로 가는 길에서 무엇보다 중요한 것은 외부 세계와의 관계를 유지하며 능동적으로 참여하는 것이다.

결국, 우리는 각자 자신의 신화를 발견해서 그에 따라 사는 법을 배워야 한다.

5

블리스로 가는 길

⊗

그대 앞에 놓인 길이 분명히 보인다면

그것은 아마 다른 사람의 길일 것이다.

인간은 무엇으로 사는가?

　오랫동안 나는 신화에 대해 다소 추상적으로 이야기해왔다. 여기에 가면 이런 신화가 있고, 저기에 가면 저런 신화가 있고 하면서 말이다. 이제는 우리 각자의 개인적인 신화에 대해 이야기해야 하는 도전을 받아들일 때가 된 것 같다. 융의 자서전인 『기억, 꿈, 성찰Memories, Dreams, Reflections』을 읽고 나는 처음으로 개인적 신화를 살아가는ㅡ나 자신의 신화를 발견하고, 그 신화에 대해 배우고 의지하는ㅡ문제에 대해 생각하게 되었다. 그 책에서 융은 자신이 경험한 인생의 위기에 대해 기술하고 있다. 융이 1911~1912년에 그의 중요한 저서 『변환의 상징The Symbols of Transformation』을 집필하고 있을 때였다.

　그 즈음 융은 자신이 중증의 정신병 환자들의 심리를 피상적으로 이해하고 있었다는 것을 깨닫고 무척 당혹스러움을 느꼈다. 그는 오이겐 블로일러Eugen Bleuler가 운영하는 취리히 부르크휄즐리 정신병원에서 정신과 의사로 일하기 시작했다. 블로일러는 정신분열이라는 용어를 처음 사용했는데, 그의 병원에 입원한 환자들은 대부분 사실상 정신분열증 환자였다.

융이 프로이트를 만났을 때는 박사학위를 받고 블로일러의 병원에서 한동안 일한 후였고, 당시에 프로이트는 신경증 환자들을 연구하고 있었다. 신경증은 표면적으로는 정상적인 사회생활을 하고 있지만 무의식 속에서 해결되지 않는 갈등을 겪는 증상이다. 그에 비해 정신분열증은 완전히 비정상인 상태다.

융은 정신분열증 환자들을 치료하는 과정에서 무의식적 상상의 원형이라고 할 수 있는 것을 접하게 되었다. 그는 비교신화학자인 프로베니우스, 바스티안, 프레이저의 저술들을 읽기 시작했고 그의 환자들이 보는 환영이 비교신화와 종교사 쪽에서는 이미 친숙한 신화적 이미지라는 것을 알게 되었다. 또한 정신분열증 환자들뿐 아니라 신경증 환자들과 비교적 분별력이 있는 사람들도 유사한 환상을 갖는다는 사실에 주목했다.

융은 이러한 발견에서 깊은 인상을 받았고 신화 연구에 몰두하면서 꿈과 신화의 상호관계를 다룬『변환의 상징』이라는 책을 써서 발표했는데, 그것은 프로이트가 더 이상 융과 함께 연구를 계속할 수 없게 되는 결정적인 계기가 되었다. 그 책에서 융은 잠재의식의 상징체계를 성性이 좌우하며 정신분석만이 유일한 치료법이라는 프로이트의 생각을 거부했다. 이러한 융의 입장은 프로이트와 그의 후계자들에게 저주나 다름없었다.

융은 책을 다 쓴 후에도 그 주제에 대한 연구를 계속했다.『기억, 꿈, 성찰』에서 그는 자신이 어떤 신화에 따라 살고 있는지 질문하게 되었다고 말한다.

"그 책의 원고를 마무리하고 나서 곧바로 나는 우리의 삶에서 신화가 지닌 의미에 대해 생각하게 되었다.[37] 그래서 아주 자연스럽게 나를 움직이는 신화가 무엇인지 알아보기로 마음을 먹었고 그것을 가장 중요한 과제로 생각했다."[38]

오늘날에는 서양은 물론이고 어느 곳에서나 더 이상 모든 사람들에게 한 가지 신화가 작용하지는 않는다는 것이 내 생각이다. 현대의 사회질서는 본질적으로 세속적이다. 우리는 법을 신성하다고 주장하지 않는다. 법을 종교적인 용어로 설명하지 않는다. 옛날에는 하느님이 모세에게 법을 전달하면 성경의 민수기, 신명기, 레위기에 기재되었다. 지금은 그런 법이 없다. 앞에서도 말했듯이, 세상의 모든 법은 물리학 법칙들도 고정되어 있는 것이 아니다. 계속해서 새로운 사실들이 발견되고 있으며 그에 따라 우리가 생각하는 우주의 이미지 역시 변화한다.

마찬가지로 개인의 정신적 발달과 관련해서는, 사람마다 출신 성분이 다르고 삶의 기회도 매우 다양하기 때문에 모든 사람이 한 가지 신화에 따라 살 수는 없다. 사회는 이웃을 너무 많이 괴롭히지 않는 범위 안에서 우리 각자가 나름의 삶을 살아갈 수 있도록 하는 일종의 중립적인 틀을 제공하며, 우리는 그 안에서 의도하거나 아니거나 개인적인 신화에 따라 움직이고 있다. 이것이 융이 '나는 어떤 신화를 살고 있는가?'라고 했던 질문의 의미다.

다시 말하지만, 나는 동서고금에 공통적으로 작용하는 신화가 있다고는 생각하지 않는다. 과거에 신화의 세 번째 기능이 담당했던 우리 사회 질서는 이제 보다 나은 방식으로 발전하고 있는 듯하다.

하지만 개인들은 자신의 의식과 무의식이 서로 소통하고 있다는 것을 이해하지 못하고 있다.

신화의 이미지들은 우리의 의식이 무의식과 접촉할 수 있도록 한다. 그런데 우리의 의식이 어떤 이유로 그런 이미지를 거부한다면 우리 내면에 있는 가장 깊은 부분과 멀어지게 되는 결과가 온다. 나는 신화의 목적이 우리가 그에 따라 살 수 있도록 하는 것이라고 생각한다. 따라서 우리가 탄 배를 능숙하게 저어가기 위해서는 우리가 어떤 신화를 살고 있는지 발견하고 그것에 대해 알아야 한다.

어떤 사람들은 실제로 신화가 인도하는 대로 살고 있다. 이를테면 조상 대대로 전해지는 종교적 전통에 따라 살 수 있다. 그런 사람들에 대해서는 내가 지금 여기서 이야기할 필요가 없다. 아마 그들에게는 그러한 신화가 삶을 인도하는 길잡이 역할로 충분할 것이다.

하지만 이 세상에는 오래된 신화와 전통에서 길을 찾지 못하는 사람들이 있다. 특히 대학생, 교수, 도시민 등 러시아인들이 인텔리겐차라고 부르는 사람들이 그렇다. 과거의 관습과 지침은 더 이상 그들을 잡아주지 못한다. 따라서 인생의 위기를 만났을 때 그런 것들이 전혀 도움이 되지 않는다. 아니면 스스로 어떤 체제에 맞추어서 살고 있다고 생각하지만 실상은 그렇지 못한 사람들이 있다. 그들은 주일이면 교회에 가고 성경을 읽지만 기독교의 상징들은 그들에게 말을 걸지 않는다.

우리는 이런 질문을 할 수 있다. 만일 어느 날 완전한 재난 상황과 마주한다면, 지금까지 의미를 부여하고 사랑했던 것들이 한꺼번에 사라지는 일이 일어난다면 어떻게 살아갈 것인가? 집에 갔더니 가족이 살해당하고 집이 불에 타버렸거나 모든 경력이 하루아침에 무너져 내리는 일이 생긴다면 무엇이 나를 지탱해줄 것인가? 우리는 비극적인 기사를 매일 접하면서 그런 일은 다른 사람들에게 일어나는 것이라고 생각한다. 하지만 만일 그런 일이 나에게 일어난다면? 완전히 무너져 내리지 않고 계속 살아갈 수 있을까? 나는 그런 경험을 한 종교인들을 만난 적이 있다. 그들은 말한다. "하느님의 뜻입니다." 그들은 신앙으로 움직인다.

그러면, 당신의 삶에서는 무엇이 그런 기능을 하는가? 당신은 어떤 대의에 헌신할 수 있는가? 무엇이 당신이 지금 하는 것을 계속하게 만드는가? 인생의 소명은 무엇인가? 무엇이 당신으로 하여금 시련을 만났을 때 무너지지 않고 다시 일어나게 하는가?

오래된 전통들은 사람들에게 신화적인 지원이 되고 사회 전체를 하나로 묶어두었다. 모든 위대한 문명은 신화적인 기반 위에서 발전했다. 하지만 지금 우리가 사는 시대는 혼란에 빠져 있다. 그래서 우리 각자가 문제를 해결하고 의지할 수 있는 버팀목을 찾아야 한다. 그러면 어떻게 해야 하는가?

매혹된 영혼

에이브러햄 매슬로는 내가 존경하는 심리학자다. 그는 사람들이 무엇을 위해 사는지는 욕구 단계 이론으로 설명할 수 있다고 했다.

그의 이론에 의하면 인간의 욕구는 생존 욕구에서, 안전에 대한 욕구, 관계에 대한 욕구, 명예욕, 자기계발 욕구에 이르는 다섯 가지 단계를 거쳐 발전한다.

나는 처음에 그 목록을 보면서 뭔가 매우 낯선 느낌을 받았는데 마침내 그 이유를 깨달았다. 그것은 바로 신화가 초월한 욕구들이기 때문이다. 내 경험에 의하면, 신화에서 영감을 받는 사람들은 생존, 안정, 관계, 명예, 자기계발과 같은 욕구를 채우기 위해 살지 않는다. 이런 욕구들은 인간의 의식이 이해할 수 있는 생물학적 방식의 삶과 관련이 있는 반면, 어떤 소명이나 헌신, 믿음, 열정에 사로잡힌 사람은 안정적인 삶을 마다하고 심지어 목숨까지 희생한다. 그들을 움직이는 것은 개인적 이해관계나 명예나 자기계발에 대한 욕망이 아니다. 그들은 오로지 자신의 신념을 위해 모든 것을 바친다. 그리스도가 한 말에서 우리는 그 단서를 찾을 수 있다.

"나를 위해 생명을 바치는 사람은 생명을 얻을 것이다."[39]

매슬로가 말하는 다섯 단계의 욕구는 사실 사람들이 삶에서 열정적으로 추구하는 것이 없을 때 이차적으로 추구하는 가치다. 정신적으로 완전히 몰두하는 것이 없고 즐길 거리가 없을 때 추구하는 따분한 것들이다.(오르테가 이 가세트Ortega y Gasset는 돈키호테에 대해서 쓴 에세이에서 이런 각주를 달았다. "따분한 사람은 벗이 되어주지 못하면서도 우리의 고독을 앗아간다.")[40]

레오 프로베니우스가 '사로잡힘Ergriffenheit'이라고 부른 것의 의미는 뭔가가 우리를 잡고 밖으로 끌어내는 것을 말한다. 우리가 뭔가에 사로잡히는 이유를 항상 알 수는 없다. 뭔지 모를 힘이 우리를 사로잡고 어리석은 짓을 하게 만든다. 경외감, 매혹, 신비감, 희열을 느낄 때 우리 마음은 저절로 움직인다.

우리의 뇌는 가족을 부양하면서 사회적인 명예를 얻는 일을 찾을 수 있고, 마음만 먹으면 그런 일들을 아주 잘할 수 있다. 하지만 어떤 신비에 매혹되면 그 모든 것을 포기할 수 있다. 대표적인 예로 프랑스의 화가 폴 고갱이 있다. 그는 회사 간부로 일하며 결혼을 해서 건실한 가장으로 남부럽지 않은 삶을 살고 있었다. 그러다가 그림에 매료되었다. 심심풀이로 시작한 취미에 인생을 거는 일이 그에게 일어났다. 그는 모험을 떠났고 가족과 다른 모든 것을 잊어버렸다. 그는 타히티로 가서 아름다운 작품들을 탄생시켰다. 그곳에서 그는 매슬로의 욕구 단계와 무관하게 단지 자신만의 희열을 누리며 살았다.

융이 어떤 신화에 따라 살고 있는지 알고 싶다고 한 말의 의미는 그의 무의식 속의 무언가가 자신을 그렇게 기이하고 비합리적인 모험으로 데리고 가서 그의 의식이 해결해야 하는 숙제를 던져주는지 알고자 한 것이었다.

앞에서 나는 영혼의 정신적 발달을 뱀이 일곱 단계의 짜끄라를 거쳐 위쪽으로 올라가는 여행에 비유하는 인도의 꾼달리니 요가에 대해 이야기했다. 아래쪽에는 생존욕, 성욕, 그리고 권력욕을 대표하는 세 개의 중심점이 있다.

매슬로가 말한 욕구들은 아래쪽에 있는 세 번째 단계까지의 짜끄라에 해당된다. 이 욕구들은 동물들도 갖고 있다. 인간은 동물의 몸을 갖고 있다. 물론 개나 가젤의 몸을 하고 있지는 않지만 인간 역시 동물이다. 동물의 생명을 인간의 방식으로 살고 있을 뿐이다. 우리는 인간이 이성적인 존재라고 자처하지만 다른 동물들과 마찬가지로 생존욕과 성욕을 갖고 있다. 그리고 다른 동물들과 마찬가지로 경쟁에서 승리하고 방해물을 제거하고 적을 물리치기 위해 싸운다. 이 세 가지가 매슬로 박사가 말한 욕구 단계다.

꾼달리니의 뱀이 네 번째 짜끄라에 도달하면, 영혼은 경외감이 깨어나는 경험을 한다. 인도에서는 이것을 성스러운 소리 옴aum을 듣는다고 표현한다. 다른 동물들은 그 소리를 듣지 못한다. 그 소리를 들으면 우주의 신비로운 차원이 열리고, 그 신비를 이해하기를 원하게 되면서 영적인 삶이 시작된다. 이 네 번째 짜끄라는 가슴 높이에 있다. 그런데 가슴은 우리의 손이 신의 발에 닿는 곳이다. 따라서 이 수준에서는 겨우 신의 발 높이에 도달한 것이다. 여기가 신비를 느끼는 출발점이다. 계속해서 위로 올라가야 한다. 동물들도 이러한 측면을 어느 정도 갖고 있다. 동물들은 밤에 빛을 보면 그것이 무엇인지 알기 위해 접근한다. 경외감에 눈을 뜨는 것이다. 그것이 시작이다. 아마 다음 생에서는 인간으로 태어날지도 모른다.

하지만 인간은 더 위로 올라가기를 원한다. 우리가 지금 따라가려고 하는 빛은 우리를 마침내 순수하고 분화되지 않은 초월성의 빛으로 데려갈 것이다. 단지 일상적이고 합리적인 삶과 관련된 아래쪽에 있는 세 번째까지의 짜끄라에 대해서는 넘어가기로 하자. 그 중요성에 대해서는 굳이 이야기할 필요도 없다. 생존 욕구를 충족시키지 못하면 더 높은 곳에 올라가서 옴이나 경외감을 경험할 수 없기 때문이다. 하지만 생존은 단지 기초공사에 지나지 않으며 우리는 그 위에 더 큰 구조물을 올려야 한다.

우리의 정신이 진리에 대해 더 많이 알려고 하고 더 가까이 다가가려고 노력하는 충동은 말이 나오는 후두 높이에 있는 다섯 번째 짜끄라와 관련이 있다. 다른 동물들은 여기까지 올라오지 못한다. 다른 동물들은 소리를 낼 수 있지만 – 우리가 아는 한 – 언어 전달, 개념 전달을 하지 못한다.[41]

신화적 세계, 또는 신화적 전통의 시작은 사로잡힘이다. 뭔가가 우리를 사로잡아서 우리 자신 밖으로, 우리 자신 너머로, 모든 이성적 사고 너머로 끌어내는 것이다. 그러한 사로잡힘에 의해 문명이 세워진다. 문명의 기념물들을 보면 그렇게 엄청난 것을 만들 생각을 했다는 것이 놀라울 따름이다.

피라미드를 예로 들어보자. 그것을 만든 수단과 목적의 합리성이나 경제성에 대해 생각해보자. 기술이 발달한 이집트 사회에서 그렇게 거대하고 사실상 쓸모없는 구조물을 건설한 것은 어떤 의미가 있었을까? 평생을 바쳐 세계의 위대한 사원들과 성당들을 지은 사람들의 노고는 매슬로가 말한 욕구가 아니라 신비로운 사로잡힘에서 나온 결과물이다. 그러한 사로잡힘은 경외감과 열정의 깨어남으로 시작되며 사람들을 함께 끌어 모으는 힘을 갖고 있다.

매슬로가 말한 다섯 가지 욕구를 위해 사는 사람들은 서로를 밀어내는 반면, 사람들을 서로 끌어 모으는 힘이 있는데, 그것은 열정과 공포다. 이 두 가지는 사람들을 똘똘 뭉치게 만든다. 중세 유럽 사회의 기반이 되었던 신화를 생각해보자. 에덴동산에서의 추방과 십자가의 신화는 인류의 구원이라는 은총을 베풀어주는 그릇이 되었다. 이 신화에 의하면 사람은 누구나 원죄를 갖고 태어나며 그러한 영혼의 얼룩을 지우는 유일한 방법은 하나님의 성육신으로 세상에 태어난 그리스도가 세운 교회에서 세례를 받아야 한다. 사람들의 영혼에서 에덴동산에서 저지른 불복종의 죄를 씻어내는 것이다.

중세 지역사회의 전체 구조는 그러한 열망과 공포의 신화를 바탕으로 했다. 이것만이 중세를 설명할 수 있다. 경제적 가치와 같은 문제는 샤르트르 대성당을 건축한 것과 아무 관계가 없었다. 헨리 애덤스Henry Adams는 『몽생미셸과 샤르트르Mont-Saint-Michel and Chartres』에서 묻는다.[42] 유럽의 위대한 성당들은 모두 1150년에서 1250년 사이에 지어졌다. 당시에 사람들은 오늘날에 비유하자면 자동차는 고사하고 소 한 마리 살 돈도 없었다. 그들은 대체 무엇을 위해 살았던 것일까? 노예 감독관 따위를 상상하면 안 된다. 성당은 그런 식으로 지어진 것이 아니다. 그 모든 것은 사람들이 신비적 열정에 사로잡혀 있었기에 가능했다. 그러다가 어떻게 되었을까? 그런 열정이 사라졌다. 신화의 기초가 되는 창세기의 역사에 대한 의문이 생기자 사회 전체가 허물어졌다. 열망과 공포가 시들었고, 그와 함께 신화적 꿈은 사라졌다.

요즘 우리가 사는 세상은 모든 것이 지나치게 느슨해져서 그 어느 때보다 사람들이 뿔뿔이 흩어져서 살고 있다. 사람들을 한데 끌어 모으는 열망은 없다. 사람들을 똘똘 뭉치게 만드는 압도적인 두려움도 없다. 그렇다면 어디에서 우리를 움직이는 것을 발견할 수 있을까? 앞에서 말했듯이, 신화의 기본적인 기능은 어느 시대에나 어느 곳에서나 동일하게 작용한다. 신화의 이미지들이 주로 가리키는 것은 역사적 사건이 아니다. 그 이미지들은 우리의 정신에서 나오고 우리의 정신에게 말을 건다. 그 이미지들이 가리키는 것은 역사적 사건이 아니라 우리의 정신, 우리의 영혼이다.

우리의 몸은 자동적으로 반응하는 감각을 갖고 있다. 예를 들어, 우리는 성적인 신호에 대해 누가 가르쳐주지 않아도 알고 있다. 어떤 냄새를 맡으면 즉시 입에 침이 고이기 시작한다. 자리에 누우면 잠이 온다. 인간의 몸은 주어진 신호에 반응한다. 이것은 다른 동물들도 마찬가지다. 하지만 인간의 정신은 또 다른 차원의 의식을 갖고 있다. 경외감과 알고자 하는 열망이 깨어날 때 인간 존재에 대한 새로운 의식이 탄생한다. 인간이 모두 같은 몸을 갖고 있고 같은 냄새에 유사한 반응을 보이는 것처럼, 우리는 신화의 상징에 반응하는 영적인 의식을 갖고 있다. 인간 정신에 원형이 존재한다는 것은 우리의 뇌와 교감신경계가 구조적으로 어떤 신호에 반응할 준비가 되어 있기 때문이다. 이러한 구조는 모든 인간이 갖고 있다. 개인에 따라 다소 차이는 있지만 본질적으로는 거의 같다. 이러한 구조가 작동하면 자동적인 반응이 일어난다. 바나나가 아프리카의 솥단지에 들어 있거나 근사한 호텔방에 놓인 과일 바구니에서 들어 있거나 같은 냄새를 풍기는 것처럼 말이다. 오랜 세월에 걸쳐 우리는 사람들이 정신적 상징에 어떻게 반응하는지, 어떤 특별한 상징을 바라볼 때 마음속 깊은 곳에서 영적인 힘들이 활성화되는지 알고 있다. 다만 사람들은 각자 다른 취향을 갖고 있으므로 자기만의 방식으로 특별한 경험을 할 수 있다.

나는 우리 시대의 종교들이 상징의 구체적인 역사성을 주장하는 것이 가장 큰 문제라고 생각한다. 예를 들어, 동정녀 수태나 휴거와 같은 상징들은 전 세계의 신화에서 발견된다. 그러한 상징들이 가리키는 것은 무엇보다 그것을 만들어낸 인간의 정신임에 틀림없다. 그런 상징들은 역사적 사건보다는 우리의 내면에 있는 뭔가를 말하는 것이다. 종교가 그 권위를 의심받는 이유는 다름 아니라 제도적 설립의 근간이 되는 신화들을 역사적 사건처럼 이야기하기 때문이다. 동정녀 수태의 이미지는 무엇을 가리키는가? 역사적이고 생물학적인 사실로 보아야 할까? 아니다. 그것은 정신적이고 영적인 은유로 이해해야 한다.[43]

전 세계의 신화에서 공통적인 상징들이 발견된다는 것은 인간의 정신에 말을 거는 특별한 뭔가를 갖고 있기 때문이다. 이러한 상징들을 잃어버리면 우리의 의식과 가장 깊은 영적인 삶이 서로 소통할 수 있는 방법이 없어진다. 그 상징들을 되살려서 그 의미를 발견하고 우리 자신과 연결해서 이해해야 한다.

내 인생의 신화는 무엇인가?

융은 자신의 신화를 찾아보기로 마음을 먹고 나서 무엇을 했을까? 당시에 그는 서른일곱 살 즈음이었는데 어린 시절의 기억을 되살려 보기로 했다. '내가 어릴 때 무엇을 하면서 노는 것을 좋아했더라?' 그는 어릴 때 돌멩이를 모아서 작은 도시를 만들며 놀던 것을 기억했다. 그래서 그는 생각했다. "이제 나는 어른이니까 더 큰 돌멩이를 갖고 놀아야겠다."

그는 취리히 반대편 호수 위쪽에 풍광이 아름다운 아스코나라는 곳에 땅을 사서 직접 집을 설계하고 건축했고 그러면서 그의 상상력이 풍부해졌다.

상상력을 활성화하는 것은 누가 시킨다고 할 수 있는 일이 아니다. 우리의 무의식이 무엇을 원하는지 알아야 한다. 융은 상상력이 활성화되면서 새로운 환상들이 떠올랐고 매우 다양한 꿈을 꾸었다. 그는 꿈의 내용을 기록하고 연상 작용을 통해 확대함으로써 자신이 꾸는 꿈에서 의미를 발견하는 작업을 시작했다. 그는 꿈에서 경험하는 충동이나 주제를 아주 사소한 것까지 자세히 기록해서 의식으로 가져왔다. 그렇게 매일 일기를 쓰다 보니 숨어있던 이미지들이 나타나기 시작했다. 그리고 꿈에서 본 것을 매우 진지하게 그림으로 그렸다. 그것은 융이 자신의 생명의 신비가 나오는 장소를 찾아가는 일종의 의례와 같은 작업이었다.

1954년 나는 아내 진과 함께 아스코나로 융 부부를 만나러 간 적이 있다. 그들은 아주 큰 저택에 살고 있었는데 그것은 건물이라기보다 마치 땅에서부터 자라난 자연물처럼 보였다. 융은 머리부터 발끝까지 스위스인이었다. 그는 아름다운 산악 지방에서 태어나 그 땅에 뿌리를 내렸다. 그의 조상들, 특히 어머니는 스위스의 지방 출신이었다. 그의 할아버지는 독일에서 의사로 일했지만 그 시절 독일

문화 역시 토지를 기반으로 했다. 융의 내면에는 농부의 세계가 있었다.

꿈을 기록하기 시작하고 나서 얼마 지나지 않아 융은 자신이 꾸는 꿈들이 『변환의 상징』을 쓰면서 연구한 신화적인 주제들과 관련이 있다는 것을 깨달았다. 그의 꿈에 만다라가 나타나기 시작했고, 처음으로 만다라를 심리학적 발견의 도구로 사용했다.

융에게는 그러한 작업에 도움을 준 친구들이 있었다. 인도학자로 나의 친구이며 멘토이기도 한 하인리히 침머와 중국학자인 리처드 빌헬름이다. 두 사람은 각각 인도와 중국의 민담에 대한 해박한 지식을 갖고 있었고, 융이 그들의 도움으로 자신의 꿈을 표현한 상징적인 낙서들과 동양의 만다라와 중국의 황금꽃에 대한 명상을 연결할 수 있었다. 융은 새로 활발한 상상력으로 그 꿈들을 작은 꿈과 큰 꿈으로 분류했다.

개인적인 문제들과 관련된 작은 꿈들은 프로이트가 말한 무의식 차원에서 온다. 따라서 그런 꿈들은 본질적으로 자전적인 성격을 갖고 있으며 다른 사람들과 공유할 수 없는 특별한 내용이다. 우리는 유아기와 어린 시절에 습득한 '하면 안 된다'는 금기들과 싸우고 극복해가면서 의식을 확장해간다.

그러다가 개인적인 삶이나 사회적 상황에 특정되지 않은 문제에 직면하는 또 다른 종류의 꿈을 꾸게 된다. 인간 존재의 문제와 부딪치는 것이다. 이것을 융은 큰 꿈이라고 불렀다.

앞에서 했던 이야기를 다시 예로 들어보자. 모든 것을 잃은 사람을 지탱해주는 힘은 무엇인가? 그런 상황에서 우리의 정신과 자아의식은 우주와 죽음의 본성이라는 두 가지 거대한 신비와 씨름하게 된다. 또한 마음 깊은 곳에 있는 존재의 신비를 해결해야 한다. 우리의 자아의식은 이 압도적인 신비들 – 우주, 죽음, 우리 자신의 내면 – 을 마주한다. 이러한 문제들은 심오한 영역에 속한다. 앞에서 보았듯이, 세상의 위대한 신화들 또한 이런 문제들을 다룬다.

이러한 주제는 전 세계에서 보편적으로 나타난다. 물론, 그 역사적 배경은 장소에 따라 달라진다. 또한 사람에 따라 다른 형태로 나타난다. 모든 신화의 상징은 보편적인 측면과 지역적인 측면을 갖고 있다. 아돌프 바스티안은 신화적 상징의 두 가지 측면을 원소적 관념과 민족적 관념이라는 용어로 설명했다.

인도 철학에도 이러한 두 가지 측면을 의미하는 마르가mārga와 데시deśī,라는 개념이 있다. 모든 신화의 상징들은 마르가와 데시라는 두 가지 측면으로 작용함으로써 우리를 '개인적 각성', 깨달음으로 인도한다. 마르가는 동물의 발자국이 남긴 '자취' 또는 '길'이라는 의미를 갖고 있다. 마르가 또는 원소적 관념은 우리를 문제의 본질을 향해 가는 길로 인도한다. '지방에 속하는' 이라는 의미를 지닌 데시는 개인을 그 문화에 연결한다. 신화에 기반을 둔 문화는 즉각적으로 우리의 참여를 일깨우는 상징들을 제시한다. 그 상징들은 생생하게 살아 있는 힘으로 우리를 근원의 신비와 문화, 양쪽 모두와 연결한다. 상징을 보편적 의미로 바라볼 때 우리는 자기의 발견과 깨달음의 길로 갈 수 있다.

우리 자신의 신화를 발견하는 한 가지 방법은 우리에게 말을 거는 전설적인 상징을 찾아서 그것을 화두로 잡고 명상을 하는 것이다. 의례는 다름 아니라 신화를 연극적이고 시각적으로 표현해서 보여주는 장치다. 의례에 참여함으로써 우리는 신화에 관여하고 그 신화는 우리에게 작용한다. 물론 그 이미지는 우리의 마음에 와 닿는 것이어야 한다. 형식적인 의례를 진행하면서 그것이 마술처럼 우리를 천국으로 데리고 갈 것이라고 기대한다면 – 예를 들어, 세례를 받으면 천국에 들어갈 것이라고 생각한다면 – 의례와 이미지를 적절하게 이해하지 못하는 것이다.

융이 그랬듯이, 어린 시절 우리 안에 들어와서 머물러 있는 상징들을 생각해보자. 그 상징들을 특정한 제도와 관련해서 생각하지 말자. 어떤 제도는 더 이상 우리가 존중하기 어려울 수 있다. 그보다는 그 상징들이 우리에게 어떻게 작용하는지를 생각해보자. 그 상징들을 상상력을 발휘해서 활성화시켜 보자. 우리의 상상력을 그 상징들과 연결해서 움직이게 하면 신비의 중심으로 가는 길이 열릴 것이다.

신화의 상징들은 그 자체로 우리에게 많은 이야기를 전달한다. 그 이미지는 구체적으로 뭔가를 가르키지 않기 때문에 우리의 이성으로는 완전히 이해할 수 없다. 신화의 이미지는 우리가 존재하는 것처럼 역시 그렇게 존재할 뿐이다. 하지만 우리 내면에 있는 어떤 핵심적이고 본질적인 부분을 건드린다.

화가에게 "당신의 그림은 무엇을 의미하는 거죠?"라고 물어보자. 만일 그가 당신을 우습게 여긴다면 그 의미를 말해줄 것이다. 만일 그 그림이 무엇을 의미하는지 설명을 들어야 한다면 당신은 그것을 보지 못한 것이다. 일몰의 의미가 무엇인가? 꽃 한 송이의 의미는 무엇인가? 소의 의미는 무엇인가? 붓다는 여래如來라고 불린다. '그렇게 오신 분'이라는 뜻이다. 붓다는 있는 그대로 존재한다. 우주 역시 '그렇게 왔다.' 우주 만물은 같은 근원에서 온다. 이것을 상호의존적 연기설緣起說이라고 한다.

나는 두 번째 원자폭탄이 떨어진 일본의 나가사키에 갔을 때 이것을 느꼈다. 만일 첫 번째가 비극이었다면 두 번째는 음란함이었다. 폭탄이 터진 곳 바로 아래쪽에 넓은 광장이 있었고 커다란 동상이 폭탄이 떨어진 지점을 손가락으로 가리키고 있었다. 그리고 폭격으로 인해 어떤 일이 일어났는지를 보여주는 박물관이 있다. 박물관의 벽화와 그림은 완전히 쓸려간 도시의 과거를 간직하고 있었다. 그 도시는 새롭게 현대적으로 건설되었지만 그 공원만은 회상과 반성을 위한 장소가 되고 있다. 그곳에서 나는 미국인으로서, 그 폭탄을 투하한 미국의 국민으로서 개인적으로 죄의식을 느끼거나 누구를 원망하는 마음은 들지 않았다. 왜냐하면 적들은 서로 피해를 주고받기 때문이다. 우리가 당했다고 생각하는 일은 우리 스스로 자초한 것이다. 우리가 타인들에게 했다고 생각하는 일은 우리에게 일어난 일이다. 이것은 매우 중요한 깨달음이다. 도덕적 가치에 대해 이러쿵 저러쿵 주장하는 이야기들은 그 모든 것의 중심에 있는 신비와 아무런 관계가 없다. 우리의 존재를 신비 중의 신비와 관련해서 경험하는 방법은 신화의 원소적 이미지들을 이해하는 것이다.

우리의 본성은 두 가지 질서를 갖고 있다. 먼저 모든 인간이 갖고 있는 동물적 본능의 질서가 있다. 그다음에는 목에서 위쪽으로 올라가는 정신적 차원의 질서가 있다. 신화의 이미지를 온전하게 이해하면 정신적인 영역 속으로 올라가게 되고 단지 생물학적 방식으로 해석하면 본능의 영역으로 내려가게 된다. 우리는 동물과 마찬가지로 생존과 안전을 추구하는 욕구를 갖고 있다. 우리는 동물과 마찬가지로 성욕, 승부욕, 명예욕을 갖고 있지만 순간적으로나마 완전히 다른 차원의 경험을 할 수 있는 잠재력이 있다.

단테는 『새로운 인생Vita Nuova』에서 베아트리체를 만나 자신이 인간이라는 동물에서 시인으로 변모한 순간을 묘사하고 있다. 사람들은 그녀를 에로틱한 대상으로 보았을지 모르지만 그가 본 것은 아름다움의 현시였다. 그는 그녀의 존재를 전혀 다른 차원에서 경험했다. 제임스 조이스가 말한 '탐미적 매혹'에 사로잡힌 것이다.[44] 그것은 정신적 탐구의 시작이었다. 단테는 그 책의 첫 페이지에서 말한다.

내 눈의 정신이 나에게 말했다, '너는 너의 기쁨을 보았노라.' 내 심장 속에서 생명의 정신이 말했다, '너는 너의 스승을 보았노라.' 그리고 내 몸의 정신이 말했다, '이제 너는 고통을 받을 것이다.'[45]

베아트리체를 보는 순간 그에게서 명예, 사회적 관계, 안정과 같은 모든 욕구가 사라졌다. 그에게 그녀는 우주의 깊이로부터 오는 신비로운 빛이었다. 그는 그 빛을 따라갔고, 그 빛은 세상의 신비가 자리한 곳 즉, 단테의 언어로 표현하자면 삼위일체를 향해 그를 이끌었다.

빛의 신화

우리가 쓰고 있는 가면에 금이 가서 그 기능이 떨어지면 정신적 위기가 닥칠 수 있는 것처럼, 우리 사회 역시 그 이미지를 잃어버리면 황폐한 곳이 될 수 있다. 우리는 그런 상황 속에서 지난 한두 세기 동안 허우적거렸다. 사회의 상징체계가 사라질 때 실제로 어떤 일이 일어날 수 있는지는 북아메리카 인디언들을 보면 알 수 있다. 그들의 문화는 19세기 후반에 사실상 사라졌다. 드넓은 중앙 평원에서 수렵을 하며 살던 사회에서는 들소 제사를 지내는 것이 기본적인 의례였다. 들소는 그 사회의 중심에 있는 상징이었다. 그들은 들소를 죽이면 그 피와 생명을 흙으로 돌아가게 하는 의례를 치러 주었고, 들소는 그런 의례를 통해 환생할 것을 알고 자발적으로 죽임을 당하는 것이라고 생각했다. 그것은 동물과 인간 사이의 일종의 계약이었고, 평원에 사는 모든 부족들에게는 들소 제례를 지내는 것이 중심 의례였다. 그들의 공동 정신은 그러한 의례에 속한 이미지로 형상화되었다.

그러다가 19세기 후반 두 가지 이유로 들소가 대량으로 학살되었다. 첫 번째 이유는 대륙을 가로지르는 철도 위에 들소가 나타나지 못하도록 하기 위해서였다. 두 번째 이유는 좀 더 의도적이었다. 인디언들이 더 이상 사냥할 것이 없어서 보호구역 안에 머물러 있도록 하려는 것이었다. 그로 인해 인디언 사회의 신화는 그 중심 이미지를 잃어버렸다. 그들의 의례, 노래, 춤까지 모두 현실과의 접촉을 잃었다. 그런 것들은 모두 그곳에 없는 과거를 가리키고 있었다.

그래서 어떻게 되었을까? 페요테 컬트(선인장 꽃에서 추출한 마약의 일종인 페요테를 복용하고 도취경에 빠지는 의식—옮긴이 주)가 남서부에서 들어와 평원 전체로 퍼져나갔다. 또한 유령춤 의식(예언자의 가르침에 따라 약초로 만든 환각제를 먹으며 며칠 동안 춤을 추는 것으로 진행되었다.—옮긴이 주)도 생겨났다. 그들은 빼앗긴 것들을 대신해주는 것을 자신들의 내면에서 찾기 시작한 것이다. 외부세계에서 의미를 찾지 못하기 때문에 내면세계로 들어가는 것이다.

물론 우리의 내면으로 들어가는 가장 효과적인 방법은 종교적 상징을 취해서 명상을 하는 것이다. 그래서 그 상징이 우리 내면의 경험을 가리킨다는 사실을 깨닫는 것이다. 그것이 역사적으로 사실인지 아닌지에 대해서는 걱정하지 않아도 된다.

오늘날의 세계는 무너진 신화적 전통의 종퇴석이라고 부를 수 있다. 박물관에 가면 인류의 모든 신화 이미지를 볼 수 있다. 나는 박물관에서 구도자들을 보곤 한다. 그들은 이집트나 아즈텍이나 어떤 문화의 이미지를 취해서 정신력을 지탱하는 버팀목으로 사용한다.

아일랜드의 시인 W. B. 예이츠가 쓴 『비전A Vision』이라는 신비로운 저서가 있다. 예이츠는 나이가 상당히 들었을 때 조지 하이드리즈라는 이름의 젊은 여성과 결혼했다. 조지 하이드리즈는 예이츠와 결혼 후 얼마 안 돼서 자신도 모르게 손이 움직이는 대로 글을 쓰기 시작했다고 한다. 그녀는 예이츠 자신도 알지 못했던 그의 철학에 대해 써내려 갔다. 그녀가 쓴 글의 내용은 매우 신비스러웠고, 예이츠는 그것을 일종의 계시로 받아들였다. 예이츠는 신비주의자였다. 『비전』은 난해한 책이지만 우리가 지금 이야기하는 주제와 관련된 신화 이미지를 볼 수 있다.

그 책에서 예이츠는 우리가 살기 위해 써야 하는 가면에 대해 이야기한다. 그것은 분명 융이 말한 페르소나와 일치한다. 우리는 가면을 써야 하고 의상을 입어야 하고 뭔가가 되어야 한다. 아니면 적어도 뭔가가 된 것처럼 보여야 한다. 우선 사회가 우리에게 기대하는 역할을 기본가면Primary Mask이라고 했다. 부모는 자식이 태어나면 자신들이 생각하는 사회에 맞는 생활 방식을 아이에게 전달하기 시작한다. 아이가 사회의 구성원이 될 수 있도록 가르친다. 인생의 전반부는 세상과 관계를 맺는 시기다. 사회와 부모는 우리에게 사회에서 필요로 하는 사람이 되라고 격려한다. 이 시기에 우리 스스로 세상 속으로 들어가도록 하는 지역 문화의 이미지가 형성된다.

나는 어렸을 때 아이들과 단추를 갖고 '부자, 가난뱅이, 거지, 도둑'이라는 놀이를 하곤 했다.

"너는 뭐를 할래?"

"나는 청소부를 할래."

이런 식으로 우리는 사회가 요구하는 기본가면을 쓴다. 그러다가 청소년기가 되고 성숙해지면 인생의 전망에 대해 진지하게 생각하기 시작하면서 예이츠가 반대가면Antithetical Mask이라고 부르는 두 번째 가면이 나타난다. 사회가 우리에게 제시하는 것을 거부하는 것이다. '그들이 나에 대해 뭘 안다고 이래라 저래라 하는 건가! 나는 세상에서 유일무이한 존재다. 내 안에는 훌륭한 것이 있다. 그것이 무엇인지 찾아야겠다!' 그러면서 자신만의 신화를 발견하는 문제에 대해 생각하기 시작한다.

예이츠 부부는 이러한 기본가면과 반대가면의 충돌을 한 달 28일 동안의 이미지로 설명했다. 세상에 태어나는 날, 생의 첫 주기가 시작되는 날은 어둡다. 아이는 자라기 시작해도 거의 어둠 속에서 지낸다. 사회는 아이에게 기본가면을 쓰고 앞으로 계속 나아가라고 재촉한다. 한 달의 첫 주가 끝나고 8일이 되어 청소년기에 접어들면 보름달이 될 수 있는 가능성, 즉 반대가면에 눈을 뜬다. 이제 자신의 열정과 운명을 발견해서 그에 따라 살려고 안간힘을 쓴다. 그래서 기본가면과 그것을 씌우는 사회에 대해 반감을 갖게 되고 벗어나려고 발버둥친다. "나를 그냥 내버려 둬요."

예이츠의 인생 주기에서 한 달 중 15일이 되면 보름달이 뜬다. 이때 반대가면이 완성되고 인생의 정점에 도달한다. 그리고 다시 어둠이 내리기 시작한다. 22일째가 되면 기본가면이 다시 씌워진다. 자연이 그것을 다시 제자리에 돌려놓는 것이다. 생활 반경은 점점 줄어들고 대부분의 시간을 병원에 가거나 잠을 자면서 소일한다. 마지막으로 28일이 되면 세상을 떠난다.

우리를 움직이는 것이 무엇인지는 각자 자신의 내면에서 찾아야한다. 물론, 그것은 또한 우리를 인생의 단계에 따라 적절하게 인도해야 한다. 우리는 인생 단계의 원형이 무엇인지 알고 거기 맞게 사는 법을 배워야 한다. 이미 지나간 단계에 머물러 있으려고 하는 것은 신경증에 걸리는 원인이 된다. 앞에서 나는 프로이트의 소파에 누워 흐느끼는 마흔살 먹은 유아에 대해 이야기했다. 그들은 스스로 판단할 능력이 없으며 언제까지나 권위에 의지한다. 인생의 내리막길이 시작되었지만 자신이 아직 저 꼭대기에 있다고 생각하는 사람도 마찬가지다. 60대 후반의 남자가 은퇴를 하고 낚시를 하러 간다. 그런데, 그는 숭어보다 더 나은 뭔가를 끌어올리려고 한다. 적어도 인어 한두 마리는 낚으려고 한다.

그러면 인생이 내리막길을 걷기 시작할 때 우리는 어떻게 해야 할까? 그냥 그대로 늙은 개처럼 몸속으로 움츠러들 것인가? 아니면 보름달이 떴을 때 태양빛을 향해 건너뛰어 보지 않겠는가?

북아메리카의 대평원에서는 매달 한 번씩 자연의 장관을 볼 수 있다. 음력 15일이면 태양이 서쪽으로 지면서 보름달이 동쪽에서 떠오른다. 해와 달이 동시에 정확하게 같은 크기와 같은 색깔을 하고 있다. 그것은 삶의 열정이 절정에 도달하면서 우리가 지닌 힘들이 완성되는 순간이다. 그 순간의 충만함을 우리의 정신 속에 머무르게 해야 한다. 달은 그 안에 죽음을 담고 있는 신체의 생명을 상징한다. 태양은 어둠이 없는 순수한 정신을 상징하며 그 안에는 죽음이 없다. 그러한 정신은 모든 창조물과 삶의 정신적 경험을 함께 나눌 수 있다.

나는 종종 강의실에서 사람들에게 빛이 어디서 비추는지 올려다보라고 말한다. 전등은 우리에게 빛을 제공한다. 하지만 전등의 수명이 다했을 때 '아, 이런, 내가 사랑하던 전등이었는데, 정말 슬프구나.'라고 한탄하는 사람은 없다. 만일 어떤 전구를 특별히 좋아했다면 – 모양이 특별하다거나 해서 – 그것을 꺼내 책상 위에 올려놓을 수는 있지만 크게 상심하지는 않는다. 다른 전등을 끼우면 그만이다.

우리는 세상을 두 가지 방식으로 볼 수 있다. 하나는 전등을 보는 것이고 또 하나는 전등이 비추는 빛을 보는 것이다. 우리 머릿속에는 무엇이 있을까? 의식이 있다. 우리의 머리는 의식을 담고 있다. 그러면 우리 자신을 무엇이라고 생각하는가? 전등이라고 생각하는가, 아니면 빛이라고 생각하는가? 몸이라고 생각하는가, 아니면 의식이라고 생각하는가?

나는 지금 신화의 기본적인 모티프를 이야기하고 있다. 어린 시절에는 우리 몸이 의식을 가장 잘 담을 수 있도록 무럭무럭 건강하게 자라는 것이 중요하다. 그다음에는 의식을 담고 있는 몸에서 관심의 무게 중심을 의식으로 옮겨가기 시작한다. 그리고 우리의 삶을 의식과 동일시하게 되었을 때 몸이 떠날 수 있다는 것을 깨닫게 된다. 이것이 보름에 맞이하는 인생의 고비다.

단테는 35세에 이런 고비를 경험했다. 그의 표현에 의하면, 우주 전체가 사랑의 현시가 되었다. 그는 베아트리체라는 아름다운 몸으로 모습을 드러낸 신의 사랑, 신의 은총에 자신을 맡겼다.

예이츠가 인생의 주기를 달에 비유했다면 단테는 점성학적으로 설명했다. 단테는 태양이 하루 동안 움직이는 것에 비유해서 인생을 네 단계로 나누고 각각의 단계를 시간에 연결했다. 그리고 각 단계마다 적절한 덕목이 있다고 말한다. 태어나서 25세까지는 유년기로 순종적인 태도와 수치심을 배우고 몸과 마음을 건강하게 가꾸어야 한다. 이 시기는 아침에 해당한다.

그다음에 25세에서 45세까지는 성숙기로, 인생의 정점에 도달한다. 단테는 이 단계에서 중세 기사들의 가치인 절제, 용기, 사랑, 예절, 충성심을 갖추라고 이야기한다. 35세 무렵이 되면 지금까지 배운 것을 실제로 경험해보고 다른 사람들을 가르칠 수 있게 된다. 이 시기는 하루 중 오후에 해당된다.

단테는 45세에서 70세까지를 지혜기라고 했다. 그는 노인들이 사회에 남아서 비판적인 눈을 갖고 살펴보고 경험한 것을 나누어주기를 기대했다. 이 단계에서 덕목은 지혜, 정의, 관대함, 유머, 여유로움이다. 무엇보다 이제 잃을 것이 없다. 저녁이 되었다.

70세부터는 노년기로, 이 시기의 덕목은 여행을 끝내고 집으로 돌아가는 것처럼 감사하는 마음으로 삶을 돌아보며 죽음을 기다리는 것이다. 이 시기는 밤에 해당된다.

언젠가 시애틀에서 강의를 막 끝냈을 때였다. 한 아가씨가 내게 다가오더니 매우 진지하게 말했다. "캠벨 선생님, 선생님은 요즘 세대에 대해 잘 모르시는군요. 우리는 유년기에서 곧바로 지혜기로 넘어간답니다."

나는 그녀에게 말했다. "그래요? 그거 놀랍군요. 그렇다면 인생을 놓치는 겁니다."

우리는 지금 인생에서 어느 단계에 있는지 알고 거기에 맞게 적극적으로 세상에 참여해야 한다. 젊은 시절 도인들이 하는 말에 지나치게 빠져들어서 모든 것을 초월하고 뒤로 물러나기에는 너무 이르다. 그것은 삶을 너무 빨리 살려고 하는 것이다. 삶의 지혜는 경험을 통해 점차로 얻어진다.

우리는 항상 주변에서 혁명에 대해 듣고 있다. 혁명은 파괴가 아니라 생산이다. 만일 뭔가를 부숴버리겠다는 생각을 하면서 보낸다면 부정적으로 거기에 묶이게 된다. 우리 내면에서 열정을 발견하고 그것을 끌어내야 한다. 이것이 우리에게 주어진 삶이다. 마르크스는 우리가 허약한 것을 사회 탓으로 돌린다. 프로이트는 부모 탓으로 돌린다. 점성술은 우주의 탓으로 돌린다. 하지만 우리가 탓할 수 있는 것은 오로지 우리의 내면이다. 우리 자신의 보름달을 떠워서 잠재성을 실현하는 삶을 사는 용기를 내지 않는 것을 탓해야 한다.

서양의 신화들은 전형적으로 예이츠가 말한 반대가면을 일깨우려고 한다. 반대가면이라는 용어는 적절하다. 어떤 면에서 실제로 기본가면과 반대가 될 수 있기 때문이다. 반대가면은, 융이 말한 무의식의 자기와 같은, 자기실현의 가능성을 보여준다.

우리의 뇌에는 180억 개 정도의 세포가 있다. 어떤 뇌도 같을 수 없다. 어떤 손도 같을 수 없다. 어떤 인간도 같을 수 없다. 다른 사람들로부터 지침과 안내를 받을 수 있지만 자기 자신만의 길을 찾아야 한다. 아서왕의 기사들이 각자 흩어져서 숲 속으로 들어가 성배를 찾은 것처럼 말이다.

어떤 사람들에게는 이런 이야기가 어리석고 낭만적으로 들릴지도 모른다. 하지만 우리 삶의 목적은 무엇인가? 우리에게 주어진 잠재성을 실현하는 것이다. 이것은 자아도취가 아니다. 삶은 우리에게 주어진 재능을 온전하게 발휘해서 우리 자신을 완성하는 모험이다.

우리가 가진 잠재성을 오롯이 실현하는 것보다 더 중요한 과제는 없다. 그리고 그 과제를 수행할 때 우리는 초월성을 가리키는 투명한 표지판, 투명한 신호가 되고, 우리 자신의 개인적 신화를 살게 된다.

6

영웅 신화[46]

✖

길을 가다 보면 커다란 구렁을 만날 것이다.

있는 힘껏 뛰어넘어라.

생각하는 것만큼 넓지 않을 것이다.

문턱을 넘어가는 여정

사람은 누구나 자신의 운명을 개척할 자유와 의무가 있다. 우리는 각자 스스로 운명을 개척해야 하고 또 그렇게 할 수 있다. 물론, 돈과 어느 정도의 지원과 여유가 주어지는 것은 축복이다. 하지만 돈이 없는 사람들은 대신 위험을 무릅쓰고 도전하는 용기를 낼 수 있다. 이렇게 생각하면 돈은 그다지 중요하지 않다.

나는 경제 형편이 다양한 학생들을 가르쳤는데 부자라고 해서 반드시 행복하지는 않았다. 사실 부자들은 그들을 움직이는 것이 없다는 점에서 불행하다고 할 수 있다. 가능성과 재능과 돈을 가진 학생들이 종종 한량이 되곤 한다. 그들은 한 우물을 열심히 파거나 '이것을 반드시 해내겠다'는 결의를 보이지 않는다. 뭔가를 하다가 어려워지거나 전념해야 할 때가 되면 다른 곳으로 눈을 돌린다. 그래서 이것저것 건드려보다가 아무것도 하지 못한다. 그에 반해 여유가 없는 젊은이들이 종종 신중하면서도 과감한 결정을 내리고 시작한 것을 끝까지 성취한다. 운명을 발견할 용기를 가진 사람에게 기회가 오는 법이다. 우리 자신의 운명을 발견하는 방법은 몇 가지가 있다.

첫 번째 방법은 지나온 삶을 돌아보는 것이다. 오래전에 쓴 일기나 메모를 읽어보자. 아마 놀라운 것을 보게 될 것이다. 최근에 알았다고 생각하는 것들이 모두 그 속에 있을 것이다. 당신을 움직이는 것이 무엇인지 알게 될 것이다.

쇼펜하우어는 「개인의 운명에서 드러나는 의도에 대해On an Apparent Intention in the Fate of the Individual」라는 에세이에서, 사람은 나이가 들어서 지나온 삶을 돌아보면 우연처럼 보이는 사건들이 이어져 마치 소설처럼 어떤 줄거리를 이루고 있는 것을 알 수 있다고 말했다. 그 줄거리는 누가 만드는 것일까?

쇼펜하우어는 우리의 인생이, 마치 꿈을 꾸는 것처럼, 그가 소위 의지Will라고 말한 것에 의해서, 우리가 자각하지 못하는 자기自己에 의해서 움직인다고 했다. 머리가 일곱 개 달린 뱀 위에 앉아 있는 비슈누 신처럼 우리는 각자 자신의 삶을 꿈꾸고 있는 것이다. (인도신화에 따르면 비슈누 신이 머리가 일곱 개 또는 수천 개 달린 뱀 아난따 위에 누워 세계 창조에 대한 꿈을 꿀 때, 비슈누의 배꼽에서 연꽃이 피어오르고 그 위에는 창조의 신 브라흐마가 앉아 있다고 한다—옮긴이 주)

내가 25년간 쿠퍼유니언 대학에서 진행한 강연을 모아 『삶을 인도하는 신화』라는 책을 쓰고 있을 때였다.[47] 나는 그동안 내가 성장했고 생각들이 변화했으며 또한 발전한 줄 알았다. 그런데 20년 넘게 강의한 내용들을 한데 모아놓고 보니 그 모든 것이 본질적으로 같은 이야기를 하고 있다는 것을 알았다. 그 책 전체를 관통하고 있는 연속성을 발견했을 때 그동안 나를 움직여온 것이 무엇인지 깨달았다. 24년은 긴 시간이다. 그동안 많은 일들이 일어났다. 그런데 나는 줄곧 같은 이야기를 하고 있었다. 나의 신화는 그 안에 있었다.

아니면 융이 했던 것처럼 꿈을 관찰하는 방법도 있다. 꿈을 기록하면서 꿈에서 우리가 어떤 의식적인 선택을 하는지, 어떤 이미지와 이야기가 계속 꿈에 나타나는지, 어떤 이야기와 상징이 마음에 와 닿는지 알아보는 것이다.

마지막으로, 영웅의 여정을 그린 원형의 신화에서 영감을 받을 수 있다. 제임스 조이스는 이것을 원질신화monomyth라고 불렀다. 원질신화란 우리의 집단무의식으로부터 나오는 원형의 이야기를 말한다. 그 모티프는 신화와 문학뿐 아니라 우리의 인생이 전개되는 과정에서도 볼 수 있다.

영웅의 여정은 기본적으로 현재의 위치를 포기하고 모험의 영역 속으로 들어가서 어떤 상징적인 목표를 달성한 후에 다시 원래 있던 자리로 돌아가는 줄거리를 갖고 있다. 그 첫 번째 단계는 지금 속해 있는 장소나 환경을 떠나는 것이다. 지금의 환경이 너무 힘들고 불편해서 떠날 수도 있고 아니면 모험의 유혹적인 부름에 끌려갈 수도 있다. 유럽의 신화에서는 종종 어떤 동물 – 수사슴이나 곰 – 이 사냥꾼을 피해 달아나 어딘지 모르는 숲으로 들어가는 이야기가 나온다. 그 동물은 자신이 어디에 있는지, 어떻게 나가야 하는지 또는 어디로 가야 하는지 모른다. 그렇게 해서 모험이 시작된다. 아니면 뭔가를 – 또는 누군가를 – 잃어버리고 그것을 찾으러 모험의 영역으로 들어간다. 모험의 영역은 언제나 미지의 힘이 지배하고 있다.

아니면 부름을 거부할 수 있다. 부름을 받았지만 이런저런 이유로 따르지 않는 것이다. 단지 두려움을 느껴서 거부할 수도 있다. 어쨌든 그 결과는 부름을 따라갈 때와는 아주 달라진다.

나는 샤먼이 경험하는 위기가 이러한 부름을 가장 선명하게 보여주는 예라고 생각한다. 나는 『세계 신화의 역사 지도Historical Atlas of World Mythology』[48]의 첫 권을 쓰는 동안 전 세계 부족들의 이야기에서 이러한 예를 많이 만났다. 한 젊은이가 해변이나 숲 속을 혼자 걷다가 신비로운 음악을 듣고 그에게 손짓을 하는 어떤 환영을 보는 것이다. 지금은 어떤 사회에서나 샤먼이 되는 것은 달갑지 않은 일이다. 그런데 이러한 부름을 거부하는 사람들은 세속의 삶을 살려고 노력해도 종종 병이 들어 죽지 않으면 T. S. 엘리엇이 '텅 빈 인간'[49]이라고 표현한 존재로 전락한다.

앞에서 웨스트버지니아에 사는 한 여성이 나이가 들어 뒤늦게 정신분석을 받은 이야기를 했다. 그녀는 어느 날 자신이 그동안 빈껍데기로 살아왔다는 느낌에 사로잡혔다. 정신분석을 통해 그녀는 어릴 때 숲 속에서 아름다운 음악을 들었던 것을 기억해냈다. 그녀는 당시 그 음악 소리가 무엇을 의미하는지 알지 못했다. 만일 그녀가 원시 공동체 속에 있었다면 가족들과 부족의 샤먼으로부터 도움을 받을 수 있었을 것이다. 하지만 그녀는 그 부름에 응하지 않았고 평생 메마르고 공허한 느낌을 갖고 살아야 했다.

만일 그러한 부름을 따라가면 위험한 모험에 뛰어들게 된다. 모험이 위험한 이유는 우리에게 익숙한 환경을 떠나야 하기 때문이다. 나는 이것을 '문턱을 넘어간다.'고 표현한다. 우리의 의식이 무의식 세계로 넘어가는 것이다. 신화에서 미지의 세계로 들어가는 이 야기는 문화에 따라 다양한 이미지로 표현된다. 먼 바다를 항해하 거나, 사막을 건너가거나, 어두운 숲 속에서 길을 잃거나, 낯선 도 시로 간다. 위로 올라가거나, 아래로 내려가거나, 수평선 너머로 가 기도 한다. 그리고 항상 통로, 동굴, 또는 충돌하는 바위(심플레가데스 Symplegades, 그리스 신화에 나오는 한 쌍의 바위섬으로 그 사이를 통과해서 흑해로 나아가려는 배에 부딪쳐 침몰시킨다.—옮긴이 주)를 통과해서 미지의 세계로 들어간다.

맞부딪치는 한 쌍의 바위는 무엇을 의미하는 것인가? 우리는 이 원론적인 세상에서 살고 있다. 참과 거짓, 빛과 어둠, 선과 악, 남자 와 여자 등 세상을 이원적으로 생각한다. 하지만 어떤 순간에 직관 적으로 대립되는 쌍들을 초월하는 깨달음을 얻을 수 있다. 신비로 들어가는 문이 열리는 것이다. 하지만 그 순간은 반짝하고 사라진 다. 의식이 다시 돌아와 그 문을 닫아버리기 때문이다. 영웅 여정의 목표는 이원론이 적용되지 않는 세상으로 들어가는 문을 통과하는 것이다.

인도에서 지낼 때 나는 최고의 스승을 만나고 싶었다. 마야 māyā(환영에 의해 끊임없이 변화하는 현상계—옮긴이 주)와 모든 집착을 버려 야 한다는 이야기는 20년 가까이 충분히 들었다. 여기저기 수소문 을 하다가 인도 남서부의 아름다운 소도시 트리반드룸에 현자가 살 고 있다는 소식을 들었다. 그의 이름은 크리슈나 메논Krishma Menon 이었다.[50] 그리고 우여곡절 끝에 드디어 그 작은 남자를 만날 수 있 었다. 그는 의자에 앉아 있었고 나는 마치 대결을 하듯이 그의 맞은

편에 가서 앉았다.

"질문이 있습니까?" 그가 내게 물었다.

나중에 알았는데, 우연히도 나는 그가 자신의 스승에게 처음 했던 것과 정확하게 같은 질문을 했다.

"만물이 브라만이라면, 만물이 신성한 빛이라면, 어떻게 우리가 뭔가에 대해 '노'라고 말할 수 있습니까? 무지함에 대해 '노'라고 말할 수 있나요? 잔인함에 대해 '노'라고 말할 수 있나요? 뭔가에 대해 '노'라고 말할 수 있습니까?"

그러자 그가 말했다. "당신이나 나는 '예스'라고 말하지요."

그러더니 그는 나에게 잠깐 명상을 하자고 제안했다.

"두 가지 생각 사이에서 당신은 어디에 있습니까? 당신은 항상 자신에 대해, 자신이 하는 모든 것에 대해 생각합니다. 당신은 자신의 이미지, 당신의 자아가 있다고 생각하죠. 그렇다면 두 가지 생각 사이에서 당신은 어디에 있습니까?"

직관은 우리 자신에 대해 알고 있는 모든 것 너머에 있는 뭔가를 얼핏 보여준다. 우리의 모든 에너지는 그곳에서 나온다. 그리고 문턱을 넘어가는 영웅의 여정은 서로 부딪치는 한 쌍, 선과 악의 경계를 넘어가는 것이다. 충돌하는 바위가 닫히기 전에 통과해야 한다. 이 모티프는 또한 아메리칸 인디언, 그리스인, 에스키모, 전 세계의 신화에서 움직이는 문에 비유되기도 한다.

문턱을 넘어갈 때 만나는 또 다른 도전은 어두운 그림자와 만나는 것이다. 빛나는 영웅이 어둠을 만난다. 그 어둠은 용의 형태를 하고 있거나 아니면 무시무시한 적의 모습을 하고 있을 수도 있다. 어떤 모습을 하고 있든 영웅은 그것을 물리치고 다른 세계로 들어가야 한다. 죽었다가 다시 부활하기도 한다. 이집트의 신 오시리스는 죽임을 당하고 몸이 해체된 후에 다시 합쳐진다. 블랙풋족의 전설에서 소녀의 아버지는 들소에게 밟혀서 산산조각이 났다가 다시 부활했다. 『티벳 사자의 서Tibetan Book of the Dead』에서는 악마나 신을 직접 마주한다. 어쨌든, 문턱을 완전히 넘어가기 위해서는 산산이 흩어지거나, 십자가에 못 박히거나, 고래에게 잡아먹히거나, 어떤 식으로든 죽음의 영역으로 들어간다. 십자가는 그리스도가 성부인 하느님과 다시 만나는 모험으로 가는 문턱이다.

일단 그 문턱을 넘어가면, 그리고 그것이 우리가 해야 하는 모험이라면, 다시 말해 우리의 깊은 정신적 욕구에 적절하고 준비된 모험이라면, 조력자들이 나타난다. 꼬마 나무요정이나 현자나 마법사가 나타나 앞날에 어떤 위험이 기다리고 있고 어떻게 극복해야 하는지 알려준다. 작은 징표를 건네주거나 명상을 위한 이미지를 제안하거나, 손동작을 보여주거나, 주문을 외워서 길을 계속 갈 수 있도록 한다. 그것은 좁은 길이다. 그 길에서 멀리 벗어나면 오도가도 못하는 절망적인 상태에 빠진다.

마법의 도움을 받은 후에는 점점 더 무시무시한 시험이나 시련이 기다린다. 깊이 들어갈수록 저항은 점점 더 심해진다. 억눌러왔던 무의식의 영역, 그림자, 아니마와 아니무스, 통합되지 않은 자기의 나머지 부분 속으로 들어가야 한다. 이것은 자기실현, 삶의 신비속으로 들어가는 과정이다. 신화마다 표현 방식은 다양하지만 그 길에는 네 가지 장애물이 있다.

첫 번째는 완벽한 연인과의 에로틱한 만남이다. 나는 이것을 여신과의 만남이라고 부른다. 이것은 아니마와 아니무스를 통합하는 도전을 제시하는데, 연금술 언어로 히에로스 가모스Hieros Gamos, 신성한 혼인이라고 부른다. 융은 이러한 합일의 상징에 관한 글을 상당히 많이 남겼다.[51] 남자가 주인공인 신화에서 신성한 혼인은 여신이나 여신에 준하는 인물과 만나는 것이다. 예를 들어 왕자가 잠자는 공주를 찾아가는 이야기나 『라마야나Ramayana』(고대 인도의 산스끄리뜨어로 된 대서사시—옮긴이 주)에서 라마가 시따와 결혼하는 이야기가 있다.

하지만 정신적으로 미성숙한 남자에게 그 여신은 상냥하지 않은 모습으로 나타난다. 자신의 아니마와 완전히 분리된 악타이온은 연못에서 벌거벗고 있는 아르테미스를 본 죄로 죽임을 당한다. 아르테미스는 그를 수사슴으로 만들어 사냥개들에게 물려 죽게 만든다. 아르테미스는 또한 남자를 유혹해서 진정한 길에서 벗어나게 만드는 마녀로 등장하기도 한다.

여자의 경우에는 신성한 합일이 종종 신에 의해 수태가 되는 것으로 표현된다. 로마의 시인 오비드의 신화집 『변신 이야기Metamorphoses』에는 신들이 님프를 따라다니는 이야기가 나온다. 신이 황소나 금빛 소나기로 변신해서 나타나면 여자는 갑자기 황홀경에 빠진다. 그렇게 해서 태어난 아이는 서로 대립되는 한 쌍, 남성과 여성의 협력을 상징하게 된다. 물론 이것은 동정녀 수태의 모티프가 의미하는 것이기도 하다. 여자가 신의 방문을 받고 새로운 생명의 계시를 받는 것이다. 신화 속 여자의 모험에서 다음 단계는 아이를 낳아서 떠나보내는 것이다. 요게벳이 모세를 포기하는 것처럼 말이다. 여기서 아이는 인간의 아이가 아니라 영적인 생명을 상징한다는 것을 기억하자.

따라서 자기 실현으로 가는 길에서 처음 만나는 문턱은 신성한 결혼이다. 동화는 항상 남녀가 사랑을 실현하고 행복하게 살았다는 식으로 끝난다. 그런데 거의 반세기 동안 결혼 생활을 해온 사람으로서 나는 남녀의 행복한 만남은 단지 시작에 불과하다고 분명히 말할 수 있다. 인생과 마찬가지로, 신화는 대부분 여기에서부터 다시 시작된다.

두 번째로 넘어야 하는 문턱은 아버지와 화해하는 것으로 이 시험은 분명 남자에게 해당된다. 아들은 태어나서 얼마 후에 아버지로부터 격리되어 다른 신분을 갖고 살아간다. 아킬레스는 여자의 모습을 하고 자랐고 파르지팔은 농가에서 자랐다. 모세는 다른 민족의 왕자로 자랐다. 그들은 모험을 떠나 어머니 너머에 있는 심연 속에서 아버지를 발견한다. 아버지에게 도달하기 위해서는 어머니의 세계를 통과해야 한다.

아버지와의 화해 이야기에서 여자는 아들에게 도움을 주거나 아니면 길에서 벗어나도록 방해하고 유혹한다. 인도 철학에서 현상계를 생기게 하는 마야 여신은 드러내는 힘과 감추는 힘을 둘 다 갖고 있다. 감출 때 그녀는 마녀가 되고 드러낼 때는 아서왕 이야기에 나오는 호수의 부인처럼 빛나는 옷을 입은 안내자가 된다.

162

기독교의 상징에도 아버지와의 화해가 중요한 이미지다. 그리스도는 십자가를 통해 곧바로 아버지에게 간다. 종종 십자가 수난의 그림을 보면 십자가 아래 마리아가 서있다. 많은 문화에서 십자가는 대지와 여성성을 상징한다. 마리아는 십자가다. 그녀는 그리스도가 영원에서 시공의 영역으로 들어오는 문이자 다시 돌아가는 문이다. 이 세상에 태어나는 것은 정신의 십자가 수난이며, 육체의 십자가 수난은 정신을 다시 영원으로 돌아가게 한다. 조지 루카스의 영화 「제다이의 귀환」에서 루크 스카이워커는 목숨을 걸고 아버지 다스베이더를 구해낸다. 그 영화는 아들은 아버지를 구하고 아버지는 아들을 구하는 화해의 모티프가 공상과학과 만나 탄생된 대작이다.

자기실현으로 가는 길에서 넘어야 하는 세 번째 문턱은 마침내 우리가 찾고 있는 것이 우리 자신이라는 사실을 깨닫는 것이다. 대표적인 예로 석가모니는 붓다가 되어서 깨닫는다. "나는 붓다다."

지금까지 자기실현으로 가는 단계를 보여주는 신화의 세 가지 상징에 대해 이야기했다. 신성한 혼인을 의미하는 히에로스 가모스는 아니무스와 아니마가 화해하는 것이다. 그다음에 아버지와 화해하고, 마지막으로 석가모니가 보리수나무 밑에서 깨달음을 얻은 것처럼, 우리 자신에 대해 완전히 눈을 뜬다.

자기실현을 상징하는 네 번째 이미지는 위의 세 가지와는 다른 방식으로 전개된다. 신비를 통과하며 서서히 발전하는 것이 아니라, 모든 장애물을 물리치고 원하던 것을 손에 넣는다. 프로메테우스가 불을 훔쳐온 것처럼. 아니면 영웅이 자신의 연인을 데려간 괴물을 찾아간다. 라마의 아내 시따는 악마의 왕 라바나에게 납치된다. 『라마야나』의 많은 부분은 라마가 시따를 다시 찾아오는 이야기로 꾸며져 있다.

어떤 경우이든, 일단 보물을 손에 넣으면 더 이상 지하세계 힘들과의 화해는 없다. 무의식 전체가 격렬하게 반응한다. 영웅은 거기서 탈출해야 한다. 우리가 모르고 있던 자기의 깊은 심연으로부터 어떤 보물을 탈취해 오자 악마들이 풀려나와 복수를 한다.

마법의 탈출이라고 알려진 이 모티프는 동화와 아메리카 인디언의 전설에서 자주 다루어진다. 영웅은 도망을 가면서 어깨 너머로 계속 빗을 던지고 그 빗은 숲과 조약돌이 되고 산과 거울이 되고 호수가 된다. 괴물이 미친 듯이 따라온다. 보통은 마녀가 따라오는데, 그 이유는 무의식이 종종 폭력적이고 부정적인 어머니의 모습으로 나타나기 때문이다.

그리고 다시 경계선에 다다른다. 이것을 나는 문턱을 넘어 다시 돌아간다고 말한다. 그 문턱을 통과하면 어두운 힘들을 뒤로하고 심연 속으로 들어간다. 하지만 과연 빛의 세상 속으로 돌아갈 수 있을까? 아니면 어두운 힘들의 먹이가 될 것인가?

요나는 고래에게 잡아먹혀 심연 속으로 빨려들어 갔다가 마지막에 다시 세상 밖으로 던져진다. 우물에 빠진 요셉이나 칠흑같이 어두운 바다를 항해하는 오디세우스처럼 물에 들어가는 모험을 하고 나면 다시 뭍으로 나온다. 구약의 영웅 모세는 민족을 이끌고 홍해를 건너고 오디세우스는 이타카의 해변에 무사히 도착한다. 만일 맞

부딪치는 바위를 통과해서 모험의 길을 들어가면 또한 그런 식의 뭔가를 통과해서 다시 돌아온다.

이러한 상징들이 말하고자 하는 것은 우리 내면의 잠재성을 발견하고 끌어내라는 것이다. 영웅 여정의 목적은 우리 안에 실현되지 않은 잠재성을 세상 속으로 가져오는 것이다. 물론 매우 어려운 일이다. 이 세상에 유익한 뭔가를 가지고 돌아와서 인정을 받는 것은 우리 자신 속으로 깊이 들어가는 것보다 더 어려울 수 있다.

이를테면 위스콘신 출신의 젊은이가 미술을 배우러 뉴욕에 간다고 하자. 그는 그리니치빌리지라는 지하세계로 들어간다. 그곳에는 그를 유혹하고 영감을 주는 요정들이 있고 그림을 가르치는 스승도 있다. 그들의 도움으로 마침내 그는 자신의 화풍을 달성한다. 스승의 화풍에서 벗어나 그 자신의 고유한 화풍을 발견하는 것은 창조하는 작업에서 매우 중요한 단계다. 하지만 어떤 스승은 제자가 자신과 다른 양식을 발전시키는 것을 좋아하지 않는다. 그래서 학생들은 독립심이 생기기 시작할 때 종종 스승에게 강한 증오심을 느끼기도 한다.

마침내 독자적인 화풍을 달성한 젊은이는 그림을 팔기 위해 57번가로 가지만 중개상에게 무시를 당한다. 그는 세상에 없는 것을 가져왔다. 그는 세상에 유익한 것을 손에 넣어서 문턱을 다시 넘어왔지만 세상은 그가 가져온 선물이 유익한 것인지 아닌지조차 알지 못한다. 아무도 그가 가져온 위대한 보물에 관심을 갖지 않는다. 어떻게 해야 할까? 그는 세 가지 방식으로 반응할 수 있다.

첫 번째는 다시 고향으로 돌아가는 것이다.

"니들끼리 잘해봐라. 나는 고향으로 돌아가겠다."

그는 개 한 마리와 파이프를 사서 두문불출하며 지금으로부터 2천 년 후에 발견되어 위대한 명화로 인정받을 그림을 그린다. 그 자신만의 세계로 돌아가서 세상과 멀어진다.

두 번째 방식은 '저들이 원하는 것이 무엇인가?'라고 묻는 것이다. 그래서 그들이 원하는 것을 줄 수 있는 기술을 익힌다. 이것은 상업 예술이다. 그러면서 그는 계속 자신에게 말한다.

"돈을 충분히 벌면 내가 하고 싶은 것을 하겠다."

물론, 그런 일은 일어나지 않는다. 이제 그는 전과는 다른 표현 방식에 익숙해졌기 때문이다. 그에게는 경력이 생겼고, 이것을 무시할 수 없다.

세 번째 방식은 그가 가져온 것의 작은 일부라도 세상에서 인정을 받을 수 있도록 노력하는 것이다. 그는 자신이 가져온 것이 유용하다는 것을 세상이 깨달을 때까지 설득한다. 이것은 많은 인내심이 필요하다. 아마 생계유지를 위해 미술 교사가 되어 가르치는 일을 하면서 점차적으로 인지도를 쌓아갈 수 있을 것이다.

내 이야기를 하자면, 나는 대공황 한가운데서 초야에 묻혀 지냈다. 글을 읽는 것밖에 할 일이 없었다. 실업자로 지내며 5년 동안 책을 읽었다. 대공황 시절에 소위 반문명적이라고 불릴 만한 사람들은 사회에서 완전히 배제되었다. 그들을 위한 자리는 없었다. 사회를 등지고 스스로 떠나는 것과는 다른 상황이었다.

나는 책을 읽었다. 이 작가에서 저 작가로 이어가며 책을 읽었다. 나는 블리스를 따라가고 있었지만 당시에는 무엇을 하고 있는지 알지 못했다.

그러다가 취업을 했다. 슈펭글러와 융과 쇼펜하우어와 조이스에 심취해 있었을 때 제안이 들어왔다. '새러로렌스에서 문학을 가르치는 일을 해보시겠습니까?'

나는 그 학교 여대생들을 보았을 때 그 일을 원한다는 것을 알았다. 게다가 연봉이 2,200달러였다. 나는 기꺼이 세상 속으로 돌아가 내가 배운 것을 나누어주었다. 그때나 지금이나 내가 하는 이야기는 모두 실업자로 보낸 5년 동안 터득한 것이다.

내가 학생들을 가르치기 시작한 그 즈음, 『피네간의 경야 Finnegan's Wake』라는 놀라운 책이 나왔다. 하지만 아일랜드인 몇 명과 나를 제외하고는 아무도 그 내용을 이해하지 못했다. 조이스가 그 책에서 이야기한 것은 모두 내가 그 황무지에서 5년 동안 심취해 있던 것이었다. 나는 친구인 헨리 모튼 로빈슨을 만나서 말했다, "누군가가 나서서 이것을 사람들에게 설명해야 해. 자네와 나라면 할 수 있어."

그렇게 해서 쓴 것이 나의 첫 책인 『피네간의 경야 주해 A Skeleton Key to Finnegans Wake』다.[52]

우리는 그 원고를 5년에 걸쳐 썼지만 사주는 곳이 없었다. 직접 출판을 하고 싶어도 돈이 없었다. 그러던 어느 날 브로드웨이에서 큰 인기를 끌고 있던 손턴 와일더의 『위기일발 The Skin of Our Teeth』이라는 연극을 보러 갔다. 그런데 그 내용이 바로 『피네간의 경야』였다. 그것을 알아차린 사람은 도시에서 내가 유일했다. 나는 연극을 보면서 그 책에서 인용한 대사들을 잡아내고 있었다.

나는 집에 돌아오자마자 로빈슨에게 전화를 했다.

"놀라지 말게. 와일더가 지금 연극으로 엄청난 돈과 명예를 얻고 있지? 그런데 그 내용이 바로 『피네간의 경야』야."

조이스는 얼마 전 세상을 떠났고 그의 가족은 궁핍한 생활을 하고 있었다. 나는 로빈슨을 찾아가서 말했다.

"우리가 뉴욕타임즈에 편지를 써야 할 것 같네."

로빈슨은 새터데이리뷰의 편집장 노먼 커즌스에게 전화를 걸었다.

"『위기일발』이란 연극이 사실은 『피네간의 경야』입니다. 흥미가 있으신가요?"

"오늘 저녁에 기사를 보내세요." 커즌스가 말했다.

그래서 우리는 커즌스에게 짤막한 기사를 써서 보냈다. 커즌스가 그것을 읽고 나서 말했다.

"이 기사 제목을 「누구의 위기일발인가?The Skin of Whose Teeth?」라고 하면 어떨까요?"

커즌스는 그 기사를 뉴욕타임즈에 실었고 미국 전역에 보도가 되었다.[53] 그러자 전국의 모든 평론가들이 우리 머리 위로 융단폭격을 하기 시작했다. 우리는 이제 전쟁을 하고 있었다. 그리고 와일더는 소대장 와일더가 되었다가 그다음에는 대장 와일더가 되었고 사실상 장군 와일더가 되어 반격을 가했다.

"이 두 녀석은 아일랜드인인가? 아일랜드인 조이스의 『율리시즈』와 『피네간』은 우리가 싸워서 지켜야 하는 문화가 아니야."

문제는 아무도 『피네간의 경야』를 읽을 수 없어서 우리가 진실을 말하는지 아닌지조차 알지 못한다는 것이었다.

사람들은 와일더에게 가서 우리가 쓴 기사 내용이 사실인지 아닌지 물었다.

"글쎄요, 내 연극을 보고 『피네간의 경야』를 읽고 나서 생각해보시죠." 그가 말했다.

물론, 사람들은 『피네간의 경야』를 이해할 수 없었다. 와일더는 자신이 미국의 위대한 예술가이며 자신의 연극은 미국 땅에서 곧바로 가져온 민속적인 작품이라고 주장했다. 그는 『헬자포핀Hellzapoppin』이라는 시시한 뮤지컬을 보러 갔다가 영감을 받았다고 했다. 그의 연극은 제우스의 이마에서 태어난 아테나처럼 그의 무릎에 살포시 내려앉았다고 했다.

헛소리였다. 나는 로빈슨에게 말했다.

"열 내지 말고 기다려보자. 어떻게 되나 두고 보자."

얼마 후 희곡 와일더의 『위기일발』이 책으로 출판되었고 퓰리처상과 토니상 후보에 올랐다. 우리는 그 책의 내용을 샅샅이 뒤져서 『피네간의 경야』에서 인용한 250가지에 달하는 유사한 인물과 테마, 그리고 네 줄을 그대로 베낀 부분을 찾아냈다. 우리는 다시 「누구의 위기일발인가? 2탄」이라는 제목으로 두 작품을 나란히 놓고 비교한 기사를 썼다. 결국 와일더는 비평가상을 받을 수 없었다.

그러자 커즌스가 우리에게 물었다. "두 분이 갖고 계신 또 다른 것은 없습니까?"

그래서 우리는 그에게 『피네간의 경야 주해』의 첫 장을 보여주었다. 그는 그것을 다시 하코트 브레이스에 넘겼다. 우리에게 이미 한번 딱지를 놓은 출판사였다. 그리고 그 출판사에서 T. S. 엘리엇에게 우리 원고를 보냈고 그에게서 답장이 왔다. "그 원고 사십시오."

그렇게 해서 우리는 그 원고를 팔았다. 이런 식으로 세상 속으로 들어가는 것이다. 단, 운이 따라야 한다.

내가 대공황 시기의 대부분을 보낸 우드스톡에서 알고 지낸 화가가 있었는데 그는 상업미술을 했고 종종 화랑에서 그림을 전시했다. 그러던 어느 해 그는 정신적 돌파구를 맞이해서 훨씬 더 대담한 방식의 화풍을 개발했다. 하지만 그가 새로운 작품을 들고 화랑을 찾아갔을 때 이런 말을 들었다.

"우리는 이런 것을 원하지 않아요. 대중은 당신이 지금까지 그렸던 그림을 좋아합니다."

하지만 성공이 오히려 우리의 발목을 잡을 수 있다. 다른 곳에서는 어떨지 모르지만 적어도 미국에서는 그렇다. 20세기 소설가들의 전형적인 패턴이 있다. 예를 들어, 싱클레어 루이스, 시어도어 드라이저, 어네스트 헤밍웨이, F. 스콧 피츠제럴드 같은 작가들은 초기에 재능이 엿보이는 작품을 쓰다가 갑자기 한 작품으로 대중의 주목을 받는다. 그러면 그 작품의 성공에 매달리게 되면서 필력이 점점 줄어든다. 싱클레어 루이스가 완벽한 예다. 그는 점점 더 나은 작품을 썼지만 『애로우스미스Arrowsmith』 이후에는 완전히 주저앉았다. 이런 패턴은 헤밍웨이에게서도 볼 수 있다. 그의 초기 작품들은 기적과도 같다. 그러다가 『무기여 잘 있거라A Farewell to Arms』 이후로는 이렇다 할 작품을 쓰지 못했다. 화가들도 마찬가지다. 내 말은, 전에 그렸던 것의 반복에 불과한 그림을 그리는 것은 의미가 없다는 것이다. 그림의 메시지는 그리는 대상에 있는 것이 아니라 형식의 탐구에 있다. 한 가지 형식에 매달리면 생명력이 빠져나가면서 석화되고 만다.

우리는 누구나 자기 인생의 영웅이다

나바호 인디언의 전설 중 영웅 여정의 줄거리를 가진 「두 아이가 아버지를 찾아 갔을 때」를 읽으면서 이 이야기에 나오는 상징들이 우리의 삶에서 어떤 의미가 있는지 생각해보자. 아메리칸 인디언의 전설에는 종종 두 명의 영웅이 등장한다. 보통 한쪽은 활달하고 다른 한쪽은 사색적이다. 이 전설에서도 '적들을 죽이는 자'라는 이름의 아이는 외향적이고 공격적이며, '물의 아이'라는 이름의 아이는 내향적이고 생각이 깊다. 그들의 어머니 '변화의 여인'은 하늘을 가로질러 가는 태양에 의해 수태를 해서 그들을 낳았다. 그들이 사는 집 부근에는 괴물들이 출몰했으므로 어머니는 아이들을 타이른다.

"집에서 멀리 가지 마라. 동쪽 남쪽 서쪽은 가도 되지만 북쪽으로는 가지 마라."

물론 아이들은 북쪽으로 간다. 규칙을 깨지 않으면 어떻게 상황이 바뀌겠는가? 어머니가 금하는 것은 아이들의 모험을 부른다.

그들은 괴물들을 물리칠 무기를 얻기 위해 아버지를 찾아 떠난다. '무지개 인간'이 그들을 이승의 가장자리에 있는 문턱으로 데리고 간다. 나침반이 가리키는 길에는 '푸른 모래 거인', '붉은 모래 거인', '검은 모래 거인', '흰 모래 거인'이 문을 가로막고 있다. 아이들은 거인들의 비위를 맞추고 구슬리면서 아버지인 태양에게 무기를 얻으러 간다고 말한다. 거인들은 그들을 들여보낸다.

그들이 이승의 영역을 넘어서자 사막이 나타나고 그곳에는 개미 한 마리 보이지 않는다. 그들은 마침내 작은 할머니를 만난다. 그녀의 이름은 '노인'이다. 그녀가 그들에게 말을 건넨다.

"여기서 뭐 하고 있니?"

그들이 아버지인 태양을 만나러 간다고 대답하자 그녀가 말한다.

"아주 멀고 먼 길을 가는구나. 너희들은 그곳에 가기 전에 늙어서 죽을 거야. 내가 시키는 대로 해라. 내가 걸은 길 위로 가지 말고 오른쪽으로 가거라."

그들은 가다가 깜빡 잊고 그녀가 걸은 길로 걸어갔다. 그러자 그들은 피곤해지면서 점점 늙어가기 시작했다. 나중에는 지팡이를 짚고 가다가 결국 한 발짝도 더 내딛을 수가 없게 된다.

그때 노인이 다시 나타나서 말한다. "이런, 이런, 내 말을 듣지 않았구나."

"우리를 바로잡아 주실 수 있나요?"

그녀는 두 손으로 자신의 겨드랑이와 사타구니를 문지르고 나서 소년들의 몸을 문지른다. 그러자 아이들은 생기를 되찾는다.

"이제 가거라. 이번에는 내가 걸은 길을 걷지 말거라."

아이들이 길 옆을 따라 걷고 있을 때 땅에서 연기가 피어오르는 것이 보였다. 그것은 '거미여인'이 피운 불에서 나오는 연기였다. 거미여인은 그들을 도와주는 또 다른 마법사로, 어머니 대지의 화신이다. 그녀는 아이들을 땅 속에 있는 작은 구멍으로 데리고 가서 음식을 먹이고 기운을 차리게 한다. 그리고 그들에게 어떤 위험이 기다리고 있는지 알려주고 마법의 징표인 깃털을 건네준다.

그다음에 두 소년은 길을 가로막는 세 가지 장애물을 만난다. 그들은 선인장 가시, 충돌하는 바위, 날카로운 갈대를 만나지만 거미 여인에게서 받은 깃털의 도움으로 모두 무사히 통과한다. 그리고 마침내 세상을 둘러싸고 있는 바다에 이른다. 아이들은 깃털을 타고 날아서 바다를 건너간다. 바다와 하늘이 만나는 푸르디푸른 곳에 이르자 동쪽에 태양의 집이 나타난다. 이제 그들은 시련과 모험의 장소에 도착한다. 지금까지는 시작에 불과했다.

태양의 집 옆에 태양의 딸이 서 있다. 태양은 물론 하루를 여행하는 중이다. 태양의 딸이 쌍둥이 형제에게 묻는다.

"너희들은 누구지?"

"우리는 태양의 아들들입니다."

그녀는 깜짝 놀라면서 말한다. "그래? 아버지가 너희들을 보면 무척 화를 내실지도 모른다. 숨어 있는 것이 좋겠구나."

그녀는 네 가지 색깔의 구름으로 두 아이를 감싸서 두 개의 문 위에 각각 집어넣는다.

그날 저녁, 태양이 도착해서 말에서 내린다. 그의 방패는 태양의 표면이다. 그가 집에 들어가 벽에 방패를 걸자 방패가 계속 쨍그랑거리면서 울린다. 그러자 태양이 딸을 돌아보며 말한다,

"오늘 이곳에 두 아이가 들어오는 것이 보였는데 그들이 누구지?"

그의 딸이 말한다. "아버지는 세상을 돌아보고 다니실 때 항상 처

신을 잘한다고 하셨는데, 그 두 소년이 아버지의 아들이라고 하는군요."

"그렇다면 확인을 해봐야지."

그는 두 소년을 문 위에서 내려오게 한다. 이제 많은 이야기에서 볼 수 있는 중요한 테마가 전개된다. 아버지가 아들을 시험하는 것이다. 그는 두 아들을 혹독하게 다룬다. 커다란 대못들이 박힌 벽에 그들을 내던진다. 두 소년은 거미여인이 준 깃털을 손에 단단히 쥐고 있다. 아버지는 그들에게 독이 든 담배를 주고 피우게 한다. 두 소년은 깃털을 손에 단단히 쥐고 있다. 그는 아이들을 한증막에 넣고 죽을 때까지 불을 땐다. 두 소년은 손에 깃털을 단단히 쥐고 있다. 마침내 그가 말한다.

"너희들은 내 아들이 분명하구나. 다음 문으로 들어가거라."

그곳에서 아버지는 들소가죽으로 만든 옷 두 벌을 바닥에 깔고 두 소년을 각각 그 위에 세운다. 벼락이 떨어지고 천지가 진동하더니 그들에게 적절한 이름이 주어진다. 아버지는 그들의 이름을 알려준다. 그들은 어느새 키가 자라 청년이 되었고 아버지는 그들이 필요로 하는 무기를 준다.

그들은 아버지와 화해하고 필요한 것을 얻었다. 이제는 집으로 돌아가야 한다. 태양은 그들을 하늘 구멍으로 데려가서 마지막 시험을 한다. 네 이름이 무엇이냐? 북쪽 산의 이름은 무엇이냐? 동쪽 산은? 가운데 있는 산은?

두 아이는 모든 질문에 답한다. 작은 정령들이 귓속말로 답을 알려준 덕이다. 그 정령들의 이름은 '검은 파리'와 '작은 바람'이다. 인

174

디언들은 사막을 걸어갈 때 어깨 위에 커다란 파리가 와서 앉으면 아마 정령일 것이라고 말한다.

두 소년은 시험을 통과하고 세상의 중심에 있는 산으로 내려간다. 나바호 인디언들은 그 전설의 산을 뉴멕시코에 있는 테일러산이라고 생각한다. 산 밑에는 커다란 호수가 있고 호수 옆에 원형의 괴물이 살고 있다. 그 원형을 죽이기 전에는 현실의 괴물들을 죽일 수 없다. 그 원형의 이름은 '크고 외로운 괴물'이다. 이상하게도 그 괴물 역시 태양의 아들이다.

괴물은 그림자를 실물로 착각하는 약점을 갖고 있다. 그 괴물은 호수에 비친 두 소년의 그림자를 보고 자신의 적이라고 생각한다. 그래서 그들을 잡아먹기 위해 호수의 물을 마신다. 괴물은 마신 물을 열심히 소화시키고 나서 다시 내뱉는다. 그러자 호수에 다시 두 소년의 그림자가 비춘다. 괴물은 호수의 물을 마시고 다시 뱉기를 네 차례 거듭했고 결국 지쳐버린다.

그 순간을 놓치지 않고 두 소년은 태양의 도움을 받아 외로운 괴물을 물리친다. 아버지는 두 소년을 가장 사랑했던 것이다. 소년들은 마침내 집을 향해 출발한다. 그들은 문턱을 다시 넘어서 돌아온다.

쌍둥이 형제는 집에 가기 위해 다시 문턱을 넘어가야 한다. 그들은 태양의 힘이 지배하는 영역에 있었다. 이제 그들은 태양의 맹렬한 에너지가 수그러들어서 생명이 살 수 있는 영역, 여성적 힘의 영역으로 돌아가야 한다. 제우스가 인간인 여자를 방문할 때 항상 위장을 하고 나타나는 이유는 무엇일까? 신이 힘을 쓰면 모든 것을 죽일 수 있기 때문이다. 따라서 불을 물로 상쇄시켜야 한다.

이제 영웅은 신화적 사명을 완수하고 현실 세계로 돌아와야 한다. 하지만 그들은 문턱에서 넘어지고 그 바람에 아버지에게서 받은 무기가 망가진다. 여기 많은 신화에서 볼 수 있는 재미있는 모티프가 있다. 애써 얻은 것을 잃어버리는 이야기다.

그러자 '말하는 신'이라는 이름의 신이 나타난다. 그 신은 신들의 모계 조상으로 양성의 존재다. 그의 코는 옥수수 줄기로 만들어져 있다. 눈꺼풀은 남성적인 비를, 아래 눈두덩은 여성적인 안개를 상징한다. 그는 형제에게 새로운 무기를 주고 괴물을 물리칠 수 있는 요령을 알려준다. 형제는 집 주위에서 날뛰는 괴물들과 싸우러 간다. 그들은 커다란 괴물 네 마리를 해치우고 나자 기진맥진해서 죽을 지경이 된다. 그러자 신들이 내려와서 두 청년을 치유하는 의례를 행한다. 어떤 의례일까? 그들이 살아온 삶을 되짚어보는 것이다. 그것은 정신과의사가 환자에게 어떤 문제가 있는지 왜 무의식과의 접촉에서 멀어졌는지를 알아내는 것과 같다. 신들은 그 쌍둥이 형제를 데리고 작은 심리드라마를 연출하며 다시 그들이 갖고 있는 역동적인 생명력과 접촉하게 한다.

세계 2차 대전이 시작될 때 민족학자 모드 오크스Maud Oakes는 나바호 마을에서 제프 킹Jeff King이라는 고령의 주술사가 이와 같은 의례를 행하는 것을 보았다. 미국은 나바호족 소년들을 군에 입대시켜서 그들의 언어를 암호로 사용했다. 독일과 일본에는 나바호 인디언의 말을 아는 사람이 없었기 때문이다. 제프 킹 노인은 그렇게 징집이 된 소년들을 전사로 만드는 의례를 행했다. 그 의례는 3일 밤낮으로 계속되었고, 노래와 그림으로 전체 과정을 재연했다. 나바호족의 신화를 보여주는 18점의 아름다운 모래그림이 그려졌다. 그 목적은 그 양치기 소년들을 전사로 만드는 것이었다. 군인이 되는 것은 마을에서 사는 것과는 전혀 다른 정신 상태를 요구하기 때문이다. 정신적으로 준비가 되어 있지 않은 상태에서 위기를 맞으면 많은 문제가 일어난다. 그래서 제프 킹은 전사가 되는 문턱을 넘어가야 하는 나바호족 청년들을 위해 오래된 전쟁 의례를 다시 사용한 것이다.

오늘날 우리에게는 인생의 문턱을 통과할 수 있도록 도와주는 의례들이 없다. 다만 우리 각자가 남아 있는 오래된 신화의 조각들이나 예술 작품에서 영감을 받을 수 있을 뿐이다.

미래의 신화

앞에서 나는 신화가 너무 일찍 세상에 태어나는 인간이라는 피조물을 보살피는 기능을 한다고 이야기했다. 신화는 우리를 유아기에서 성인으로, 성인에서 제 2의 유아기로, 그다음에는 어두운 문밖으로 데리고 나가는 기능을 한다.

인간 외에도 세상에 너무 일찍 태어나는 종으로 아기 캥거루, 월러비, 주머니쥐 같은 유대목 동물이 있다. 유대목 동물은 포유동물이지만 자궁에 태반이 없기 때문에 새끼가 어미의 태내에서 충분히 자랄 때까지 머물러 있을 수 없다. 그래서 수태가 되고 18일 정도 후에 세상에 태어나면 어미의 배 위쪽에 있는 작은 주머니 속으로 기어들어가 그곳에서 어미젖을 먹으며 밖으로 나와 걸어 다닐 수 있을 때까지 자란다. 그 주머니는 두 번째 자궁, 밖이 내다보이는 자궁이다.

나는 신화가 인간에게 바로 이런 두 번째 자궁과 같은 기능을 한다고 생각한다. 마치 유대목 동물이 무기력한 유아기에서부터 바깥세상에 나와 '보세요, 나 여기 있어요.'라고 말할 수 있는 단계로 성장하기 위해 필요한 주머니 역할을 하는 것이다. 신화는 합리적이고 사실적이어야 할 필요는 없다. 단지 주머니처럼 편안하면 된다. 우리는 밖에 나가도 안전하다고 느낄 때까지 그 안에서 성장할 수 있다.

그런데 언제부터인가 그 주머니가 쓸모없는 것이 되었다. 우리는 이제 그 두 번째 자궁을 필요로 하지 않는다. 합리적인 사고방식은 말한다.

"아, 이 오래된 신화들은 말이 안 된다."

그래서 주머니는 갈기갈기 찢어진다. 그 결과 많은 생명들이 두 번째 자궁 안에서 충분히 자라지 못하고 미숙아로 태어난다. 그들은 벌거숭이로 밖에 내동댕이쳐진 채 너무 일찍 꼬물거리고 다니면서 스스로 문제를 해결해야 한다. 작은 태아가 세상 속에 내던져지면 어떻게 될까? 유대목 동물의 주머니 안에서 자라는 것도 충분히 힘든 일인데 그마저 사라지면 정신이 제대로 성숙할 수 없다.

어쩌다가 이런 상황이 되었을까? 성경에서 말하는 우주관이 과학적 사실에서 거리가 멀기 때문이다. 그 이미지는 분명 우리가 천문대에서 망원경을 통해 보는 우주는 아니다. 고고학자와 고생물학자들에 의해 밝혀지는 사실에 비추어 보면 아무도 진심으로 그런 것들을 믿는다고 말할 수 없다. 믿는 척하는 것이다. "사실이건 아니건 상관없어요. 나는 기독교 신자로 사는 것이 좋아요."

나는 테니스를 좋아한다. 하지만 그 규칙이 내가 알고 있던 것과 달라지면 혼란을 느끼는 것이 당연하다. 과학에서는 사실은 없으며 이론만이 존재한다는 생각을 갖는 것이 중요하다. 과학자는 어떤 것도 믿으면 안 된다. 모든 이론은 다음에 오는 정보에 의해 얼마든지 변할 수 있는 작업가설일 뿐이다. 과학은 우리에게 닫혀 있지 말고 열려 있으라고 말한다. 더구나 동양인, 콩고 인, 에스키모 인의 사상이 들어오고 있다. 우리는 니체가 비교의 시대라고 부른 시기에 있다. 더 이상 모두가 같은 것을 믿지 않는다. 다시 말해, 우리는 각자 모험의 숲속에 던져져 있다.

과거의 서양 문명에서도 다양한 신화들이 지금처럼 서로 충돌을 일으켰던 시기가 있었다. 로마제국 말기 유럽 개인주의에 중동 지역의 기독교가 도입되었다. 성서는 신성한 사회를 따르라고 강조한 반면, 유럽의 전통은 개인의 창조성과 성취에 가장 큰 가치를 두었다. 12세기 유럽에서는 이렇게 서로 다른 두 전통 사이에 충돌이 일어났다. 아서왕 이야기에서도 그 역사를 볼 수 있다. 기독교 영웅들로 나오는 원탁의 기사들은 사실 트리스탄과 이졸데의 전설에 등장하는 켈트족의 신이다. 트리스탄과 이졸데는 말했다. "사랑만이 나의 진실이다. 사랑을 위해서라면 지옥불에 떨어져도 좋아."

그러한 충돌은 마침내 르네상스와 종교개혁과 이성의 시대(Age of Reason, 18세기 영국과 프랑스—옮긴이 주)로 이어졌다. 12세기와 13세기의 문화가 붕괴될 때 그랬던 것처럼, 지금 우리는 시인들과 예술가들에게 눈을 돌릴 필요가 있다. 그들은 현재의 깨어진 상징들을 돌아보고 초월성을 향해 가는 새로운 이미지들을 만들어낸다. 물론 이것은 누구나 할 수 있는 일은 아니다. 왜냐하면 신화적 주제에 관심을 갖는 사람은 그다지 많지 않기 때문이다. 신화를 제대로 이해하지 못하는 사람들은 자신이 속해 있지 않은 다른 문화에 대해 반감을 갖기도 한다. 하지만 어느 시대에나 위대한 예술가들은 개인의 여정을 묘사하면서 위대한 기본적 사상들이 빛을 발할 수 있도록 동시대의 광경을 그려낸다.

이런 식으로 나를 인도한 위대한 예술가로 토마스 만과 제임스 조이스가 있다. 『마의 산The Magic Mountain』과 『율리시즈Ulysses』만 보더라도 그 안에 우리 시대의 상황이 신화적 의미로 해석되어 있다. 우리는 성 바울보다는 『젊은 예술가의 초상A Portrait of the Artist as a Young Man』의 주인공 스테판 디덜러스와 『마의 산』의 주인공 한스 카스토르프의 경험에 더 많이 공감할 수 있다. 성 바울이 겪은 일들은 아주 오래전 아주 먼 나라에서 있었던 일이다. 이제 우리 대부분은 말을 타고 다니거나 가죽샌들을 신고 다니지 않는다. 반면, 스테판과 한스는 현대 문화에 속해 있다. 그들은 우리가 겪는 것과 같은 문제와 갈등을 경험한다. 그들의 이야기는 우리가 지금 어떤 경험을 하고 있는지 알려주고 새로운 삶의 가능성을 제시하는 미래의 신화가 될 것이다.

최근에 나는 영화 「스타워즈」를 관람했다. 조지 루카스 감독이 영화를 보러 오라고 마린카운티에 있는 그의 거처로 우리 부부를 초대했다. 그는 자신의 영화가 내 책들과 영웅 여정의 아이디어를 기초로 한 것이라고 말했다. 30여년 동안 영화를 보지 않은 나는 마냥 신기했다.

그곳에서 나는 꿈같은 시간을 보냈다. 첫날 아침에 「스타워즈」를 보고, 그날 오후에 「제국의 역습」을, 저녁에는 「제다이의 귀환」을 보았다. 그 영화들 속에서 내가 했던 이야기들을 보았다. 의심의 여지가 없었다. 나는 조지 루카스를 열렬히 찬양하는 팬이 되었다. 그는 예술가의 풍부한 상상력을 가졌을 뿐 아니라 대중에게 뭔가 가치 있는 것을 보여주고자 하는 책임감을 갖고 있었다. 그는 저 밖에 있는 우주의 모습을, 고대의 시인들이 그랬던 것처럼, 모든 가능성에 열려 있는 영역으로 표현했다.

나는 그의 영화를 보면서 그가 내 책에서 배운 원형들을 체계적으로 사용하고 있다는 것을 알았다. 그는 그렇다고 인정했다. 예를 들어, 「제국의 역습」에서 루크 스카이워커는 그림자이자 아버지인 다스베이더를 대면한다. 그는 다스베이더를 죽이고 그 기계 인간의 얼굴이 자신의 얼굴임을 알게 된다. 「제다이의 귀환」은 끝부분에서 아버지와의 화해 모티프를 분명하게 드러낸다. 그 모티프는 스타워즈 시리즈 전체를 관통하고 있다. 그 시리즈는 사실 3막의 연극과도 같다. 모험에의 부름, 시련의 길, 그리고 마지막에 아버지와 화해하고 문턱을 넘어 다시 돌아오는 것이다.

예술가들은 우리의 깊은 내면에 있는 자기와 연결되는 상징과 모티프를 불러내서 영웅의 길을 가도록 도와주는 마법사들이다. 문학 비평가들은 어떤 작가가 어디서 영감을 받았는지, 어디서 아이디어와 스타일을 얻은 것인지에 대한 토론을 즐겨 한다. 창작 과정에 있는 작가는 그가 어릴 적 경험한 사건, 들었던 노래, 읽은 책들, 시집, 영화 등 지금까지 경험해온 모든 것들에 둘러싸여 있다. 그의 창조적 상상력은 그 모든 것을 끌어내서 특별한 형태로 만들어낸다.

우리가 듣고 배운 모든 신화적 상징들은 끊임없이 그 형태를 바꾸어가면서 새롭게 만들어지고 있다. 우리는 그런 상징들이 수백 년 전 북아메리카의 평원이나 아시아의 정글이 아닌 지금 우리에게 주어진 현실과 어떤 관계가 있는지는 생각해볼 필요가 있다. 그 상징들이 기본적으로 갖고 있는 의미를 숙고한다면 지금 우리의 삶에 어떤 영향을 미칠 수 있는지를 좀 더 분명히 이해할 수 있을 것이다.

꾼달리니의 뱀은 척추를 따라 올라가다가 마지막으로 여섯 번째 짜끄라에서 일곱 번째 짜끄라로 넘어가는 장벽을 통과해야 한다. 우리의 자아와 우주의 신 ― 세상이면서 세상을 초월하는 신 ― 사이에 그어진 선을 넘어 올라가야 하는 것이다. 그 바로 아래쪽에는 이원화된 모든 것이 있고 위쪽에는 존재도 비존재도 아닌 중간에 우리의 오래된 친구 마야가 있다.

마야는 산스끄리뜨어로 '건설하다' 또는 '예측하다'는 뜻을 가진 마$m\bar{a}$가 어원이다. 마야는 세 가지 힘을 갖고 있다. 하나는 '어둡게 하는 힘'이다. 이 힘은 순수한 빛에 대한 이해를 흐리게 한다. 두 번째 힘은 '투사하는 힘'이다. 이 힘은 순수한 빛을 현상계의 형태로 바꾼다. 프리즘이 흰빛을 무지개색으로 바꾸듯이, 이 힘은 초월성을 우리가 알고 있는 유한한 시공간과 그 속에 존재하는 사물들로 바꾼다.

무지개색을 원반 위에 올려놓고 돌리면 다시 흰색이 나타난다. 이 세상의 색들은 굴절되어 보이므로 잘 배열해서 보면 진짜 빛을 경험할 수 있다. 이것이 마야가 가진 세번째 '드러내는 힘'이며, 예술이 하는 역할이다. 예술가들은 이 세상의 사물을 한데 모아서 원래의 빛을 보여준다. 그 빛은 우리 의식의 빛이며 또한 모든 것을 숨기고 있다. 그 빛을 적절하게 들여다보면 세상이 보인다.

영웅 신화는 그 빛을 환하게 보여주는 보편적인 패턴 중 하나다. 내가 생각하는 훌륭한 삶은 영웅의 여정이다. 우리는 사는 동안 끊임없이 모험의 영역으로, 새로운 수평선으로 불려간다. 그때마다 우리는 같은 문제를 마주한다. 모험에 뛰어들 것인가?

만일 용기를 내어 모험을 떠난다면 위험에 처할 수 있다. 도움을 받아 성공할 수도 있고, 아니면 실패할 수도 있다. 실패의 가능성은 언제나 있다. 하지만 인생에서 중요한 것은 살아있다는 느낌, 블리스를 누리며 사는 것이다.

7

청중과의 대화[54]

✡

내면에서 기쁨이 흐르는 장소를 발견하라.

그 기쁨이 고통을 몰아낼 것이다.

남자: 방금 피라미드와 성당에 대해 말씀하셨는데요, 우리 시대의 위대한 기념물과 업적은 어떤 것이 있다고 생각하십니까?

캠벨: 제가 생각하는 한 가지는 인류가 달에 간 것입니다. 그것은 물론 경제적 가치를 따지는 사람들이 이룬 업적은 아니었죠. 경제성을 따지면 열망은 식어버리고 즐거움은 모두 사라집니다. 적어도 저는 그렇습니다. 저는 세상이 유지되는 것은 사람들이 바보 같은 짓을 하는 덕분이라고 생각합니다. 경제적인 효과는 나중에 저절로 생기는 것이죠. 우리가 사용하는 주방 기구들은 우주 계획의 부산물입니다. 금속은 조리에 편리하고 깨끗하죠. 하지만 정말 중요한 것은 열망이 얼마나 큰가 하는 것입니다.

남자: '오자크의 그리스도' 상은 어떻게 생각하시는지요? (웃음) 그 거대한 십자가가 서 있는 언덕에 가 보니 음악이 흐르고 투광조명이 비추고 있더군요.[55]

캠벨: 어떤 사람들은 흥분을 표현하고 싶어 하지요. (웃음) 좋은 일입니다. 예술가가 하는 일이죠. 예술가는 원형의 이미지를 추구합

니다. 하지만 그 기념물은 무엇을 의미할까요? 사도 바울이 '나는 지금 살고 있다. 내가 아니라 그리스도가 내 안에서 살고 있다.'라고 한 말과 그리스도를 산 위에 올려놓는 것은 전혀 다른 것입니다. 이 것은 우리 삶에서 중요한 문제입니다. 그리스도가 찾아올 때 우리 는 어떻게 해야 하는 걸까요? 그 이미지를 마음속에 간직하고 삶의 원동력으로 삼아야 할까요, 아니면 저 산꼭대기에 올려놓고 함성을 끌어내야 할까요?

여자: 당신은 어떻게 하십니까, 캠벨 선생님? 당신이 생각하는 신 의 이미지는 어떤 것입니까?

캠벨: 제가 그 질문을 받을 때마다 주로 이런 대화가 오고갑니다.
"캠벨 선생, 당신은 무슨 일을 하십니까?"
"신화에 대해 읽거나 글을 씁니다."
"신화는 재미있죠. 불핀치가 쓴 신화를 읽었는데 아주 재미있더군 요."
"글쎄요, 저는 그보다는 좀 더 진지한 방식으로 신화에 끌립니다. 당신은 신을 믿습니까?"
"그럼요. 믿습니다."
"훌륭하십니다. 그 신은 남자입니까, 아니면 여자입니까?"
앨런 와츠는 우주에서 돌아온 아폴로 우주인 이야기를 하곤 했 죠. 그 우주인에게 한 기자가 재치를 자랑한답시고 이렇게 물었답니 다. "하늘에 다녀오셨는데 하느님을 만나셨나요?"

우주인이 대답했죠. "만났죠. 그녀는 흑인이더군요."[56]

저도 역시 이렇게 반문을 합니다.

"당신은 신을 어떻게 느끼십니까? 남자로 느낀다고요? 좋아요. 그는 저 위에 있나요, 아니면 저 아래에 있나요? 그의 주변에는 누가 있나요? 혼자 있나요? 그는 합리적입니까? 도덕적입니까? 긍정적입니까? 부정적입니까? 진보적입니까? 의식입니까? 무의식입니까? 개인적입니까? 비개인적입니까? 여성에 가까운 모습입니까, 아니면 남성에 가까운 모습입니까?"

인도의 샤끄띠 종파는 여신을 최고신으로 모십니다. 유대교에서는 여호와가 지고의 존재입니다. 여러분이 믿는 신은 어떤 이미지를 갖고 있나요?

앨런 와츠가 언젠가 저에게 어떤 종교를 믿느냐고 묻기에 이렇게 대답했습니다,

"저는 책에 밑줄을 친답니다."

중요한 것은 접근하는 방식에 있습니다.

레오 프로베니우스는 콩고의 유목민인 피그미족의 의례에 대해 들려주었습니다. 그는 아프리카를 스무 번 정도 탐험했는데 한 번은 피그미족 남자 두 명과 여자 한 명과 동행을 했답니다. 식량이 떨어지자 그가 그들에게 말했습니다.

"나가서 가젤 한 마리를 잡아오겠소?"

그러자 그들은 화 난 표정으로 그를 쳐다보며 말했습니다.

"그냥 나가서 가젤을 잡아오라고요? 가젤을 잡으려면 준비를 해야 합니다."

188

그는 그들을 따라 준비를 하러 갔죠. 무엇을 했을까요? 그들은 작은 언덕 위에 올라가더니 땅을 고르고 거기에 가젤을 그렸습니다. 그리고 밤을 꼬박 새우고 다음 날 아침 해가 뜨자 남자가 활과 화살을 들고 태양이 떠오르는 쪽을 향해 섰습니다. 그는 화살로 가젤 그림을 쏘아서 목 부분을 맞추었습니다. 여자는 두 팔을 들고 있었죠. 신석기 시대의 많은 그림에서 이런 이미지를 볼 수 있습니다. 여자는 두 팔을 들고 있고 남자가 활을 쏘는 그림이죠. 그러고 나서야 그들은 산에서 내려가서 진짜 가젤을 사냥했습니다. 마침내 살아있는 가젤의 목을 쏘았죠. 다시 말해, 그는 개인이 아니라 태양의 힘, 생명의 힘의 대리인 자격으로 사냥을 한 것입니다.

의례는 우리 자신을 지금 일어나는 사건과 온전히 하나로 만드는 기능을 합니다. 사무라이에 대한 이런 이야기가 있습니다. 그의 군주가 자객에게 살해되었습니다. 군주에게 절대적인 충성을 맹세한 그는 이제 군주를 살해한 자객을 죽여야 하는 의무가 생겼습니다. 그는 마침내 그 자객을 구석으로 몰아넣고 군주의 명예를 상징하는 검으로 죽이려고 합니다. 그러자 구석에 몰려 당황하고 겁을 먹은 자객이 사무라이에게 침을 뱉습니다. 사무라이는 갑자기 검을 칼집에 넣고 자리를 떠나버렸습니다. 왜 그랬을까요? 그 자객의 행동이 그를 화나게 했기 때문이죠. 화가 나서 사람을 죽이는 것은 개인적인 행동이며, 무의미한 일이기 때문입니다.

피그미족이 사냥을 하는 것도 이와 매우 흡사합니다. 이것이 신화적인 태도입니다. 개인적으로 행동하는 것이 아니라 우리 자신을 사제로 느끼는 것, 다시 말해 우리를 통해 우주의 힘이 작용하고 있다고 느끼는 것입니다. 다만 그 힘과 균형을 맞추고 개인의 인격을 유지해야겠죠.

남자: 당신은 이원적인 대립의 세계를 초월하는 것에 대해 이야기 했습니다. 현실에서 그것이 가능합니까?

캠벨: 우리 삶에서 경험하는 것은 모두 이원적인 동시에 그 뒤에 는 언제나 합일의 경험이 있습니다. 저는 신화의 기본적인 모티프가 카를 융이 '대극의 합일'이라고 말한 것을 경험하게 해주는 것이라 고 생각합니다. 서로 반대되는 것들은 이렇게 저렇게 서로 융화되거 나 아름다운 균형을 유지할 수 있습니다. 춤을 추듯이 말입니다. 두 사람이 추는 춤이 주는 즐거움은 상대방과 조화를 이루는 것이죠.

이 생각을 하면 테니스 경기가 머리에 그려집니다. 테니스 경기를 하기 위해서는 두 사람이 네트 양쪽에 있어야 하고 각자 자기 자리 를 지켜야 합니다. 자기 자리를 벗어나면 게임을 할 수 없습니다. 각 자 자신의 특성, 역할, 위치를 알고 그 자리를 지켜야 하죠. 상대방 도 마찬가지입니다. 이렇게 서로 반대편에서 하는 것이 경기입니다. 무슨 뜻인지 아시겠습니까?

신화의 예를 하나 들어보죠. 지그프리트가 용 파프너를 물리치 는 이야기가 있습니다. 문턱을 넘어가는 용감한 영웅의 전형적인 이 야기죠. 용은 그의 적이지만, 용의 피를 맛보고 용의 특성을 자기 것 으로 흡수하자 새들이 노래하는 소리를 듣고 무슨 말을 하는지 알 게 됩니다.

우리와 다르다고 생각해서 배제했던 것들을 우리 자신의 일부로 받아들일 수 있을 때 비로소 우리와 상대방 모두를 포함하는 자연의 힘에 접촉할 수 있다는 것입니다. 우리와 다른 것을 배척하는 이유는 물리적 현실—가족, 사회, 상심, 우리의 몸이 겪는 자연적인 충격들—이 우리로 하여금 어느 한쪽에 서도록 하기 때문입니다. 하지만 사람은 내면에 다 같은 잠재성을 갖고 있습니다. 융심리학은 우리가 상대방을 이해하기 위해 그 사람과 같아질 필요는 없지만 상대방이 우리 자신의 또 다른 측면을 보여준다는 것을 인식하는 것이 중요하다고 말합니다.

절대적 이원론을 주장하는 신화는 중동에서 조로아스터 시대 이후에 생겨났습니다. 조로아스터교는 빛의 신과 어둠의 신이 대결을 하고 있으며 그 두 신의 경쟁이 지금 우리가 사는 이 세상을 만들어 냈다고 이야기합니다. 그래서 우리는 어둠의 신에 맞서 빛의 신 편에 서야 하는 거죠.

또 다른 전통에서는 두 가지 힘—빛과 어둠, 선과 악—이 대립을 초월한 존재의 오른팔과 왼팔의 기능을 합니다. 유대인들이 바빌로니아로 추방되어 조로아스터 철학과 만나기 전에 쓰인 성경에서 이러한 암시를 볼 수 있습니다. 이사야서에서 여호와는 이렇게 말합니다.

"나는 빛을 만들고 어둠을 창조한다. 평화를 가져오기도 하고 재앙을 일으키기도 한다. 나 여호와가 이 모든 것을 한다."[57]

이것은 이원론을 초월하는 신이죠. 여호와는 만일 인간이 했다면 악으로 여겨질 수 있는 일들을 했습니다. 예를 들어, 욥기에서 신은 인간의 관점에서 보면 극악한 행동을 합니다. 미스테리움 트레멘둠에 파시난스Mysterium Tremendum et Fascinans, 번역하자면 두렵고도 매혹적인 신비라고 부를 수 있는 일들이 일어나죠. 신은 매혹적이면서 동시에 두려운 존재입니다. 보통 여호와는 선과 악을 구분하는 도덕 질서의 신입니다. 하지만 여호와가 욥에게 자신이 하는 일들의 정당성을 이야기하는 것을 보면 그가 도덕 너머에 있는 힘이라는 것을 알게 됩니다.

아담과 이브는 선악과를 먹기 전에 선과 악에 대해 몰랐다는 것을 기억하십시오. 사실은 선과 악의 차이를 아는 것이 바로 타락이라는 것입니다. 따라서 우리가 타락 이전의 아담과 이브의 조건으로 돌아가기를 원한다면 다시 선과 악을 넘어서 돌아가야 하는 것입니다. 선과 악은 테니스 경기처럼 시공의 영역에서 변형되어 보이는 형태일 뿐입니다. 하지만 만일 어떤 사람이 다른 사람들을 파괴하면서까지 어떤 목표를 달성하고자 한다면, 그러면서 '나는 선과 악을 초월했으므로 다른 사람들에게 무슨 일이 일어나든 상관하지 않겠다.'라고 생각한다면, 그는 위험한 사람입니다. 반사회적 인격장애자죠.

내가 말하고자 하는 요점은 폭력과 욕심이 아니라 사랑으로 움직이고 행동하는 교양인이라면 신이 내리는 비가 정의로운 사람과 정의롭지 않은 사람에게 똑같이 내리고, 신이 비추는 빛이 정의로운 사람과 정의롭지 못한 사람에게 똑같이 비춘다는 것을 안다는 것입니다. 만일 우리가 하늘 – 그곳이 어디인지 모르지만 – 에 있는 아버지처럼 되고자 한다면 우리가 옳거나 그르다고 생각하는 것이 사람의 가치를 결정하는 것이 아니라는 것을 알아야 해요. 우리의 가치를 지키기 위해 싸워야 할 필요가 없다는 말이 아닙니다. 하지만 전쟁의 부조리함을 생각해 보세요. 사람들이 자신의 가치를 위해 서로 죽고 죽이면서 서로 자신들이 신 앞에서 정당하다고 주장하는 것은 모순입니다. 이것은 그리스도가 한 말에서도 알 수 있습니다. 하지만 그 모든 심오한 생각들, 그 모든 궁극의 진리가 사회와 그 구성원들에게 유익한 실용적이고 훈계하는 언어로 옮겨집니다. '너희는 이렇게 해라', '이렇게 하지 마라' 하고 말이죠.

에덴동산에서 아담은 할 일이 없었습니다. 아담도 지루했고, 하느님도 지루했고, 모두가 지루했죠. 그래서 하느님은 아담의 옆구리에서 제임스 조이스가 '커틀릿 크기의 반려자'라고 표현한 것을 꺼냈습니다. 그 갈비뼈가 나와서 하나가 둘이 되었고 그 한 쌍과 함께 삶이 시작되었습니다. 사실상 시간이 시작된 것이죠.

나는 사실 요즘 젊은이들 사이에서 유니섹스라고 하는 유행을 보면서 불편함을 느낍니다. 남녀가 같은 머리 모양을 하고 같은 옷을 입고 같은 행동을 하는 것 말입니다. 우리는 긴장을 잃었습니다. 내 생각에는 긴장이 풀리는 것보다는 긴장을 유지하는 것이 삶에 더 도움이 됩니다. 활력은 긴장에서 나오니까요. 우리 목소리를 전화선을 통해 전달하는 전기는 양극과 음극을 모두 갖고 있습니다. 만일 서로 반대되는 극이 없다면 전화가 발명될 수 없었을 것이다.

하지만 남성성이든 여성성이든 어느 한쪽이 지배하면 안 된다는 것은 분명합니다. 중요한 것은 둘이 결합하는 대극의 합일이죠. 예를 들어, 결혼에서 무엇이 소중한가요? 결혼인가요, 남편인가요, 아니면 아내인가요? 만일 남편과 아내가 서로 자기가 잘났다고 싸우면 같이 살 수 없습니다. 만일 두 사람이 서로 부딪치며 갈등을 겪으면서도 결혼을 중요하게 생각한다면, 다시 말해 소중한 것은 대립 너머에 있는 것이라는 생각을 유지할 수 있다면 튼튼한 기초 위에 서 있는 것입니다.

내 친구 하인리히 침머는 남녀 관계를 창조적인 대립, 창조적인 충돌이라고 이야기하곤 했어요. 그 균형은 긴장에 있습니다. 테니스 경기처럼 말입니다. 공을 주고받으면서 두 선수가 열심히 경기를 합니다. 이것은 좋은 경기입니다. 화가 나서 싸우면 자제력을 잃게 됩니다. 경기는 상대 선수가 있고 각자 자기 자리를 지켜야 한다는 것을 잊지 않는다면 잘할 수 있습니다. 그리고 상대방에 대해 알아야 하죠.

조동종曹洞宗의 창시자인 도겐 선사는 대립을 인정하는 것은 합일을 이해하는 데 방해가 되지 않는다고 했습니다. 대립은 합일의 실현에 방해가 되지 않습니다. 대립은 우리의 인간성을 풍요롭게 합니다.

이것은 기사도의 본질이기도 하죠. 두 기사가 각각 말을 타고 동시에 서로를 향해 돌진하는 것은 상대방을 숭고한 기사로 인정하는 것입니다. 한쪽으로 치우쳐서 자기만 옳다고 생각하는 것은 광신입니다. 우리가 맞서 싸워야 하는 무서운 괴물이죠.

여자: 성경을 신화적 방식으로 이해해도 되는 건가요? 기독교와 유대교 전통의 상징들은 대립의 현장 너머에 있다고 이해해도 될까요?

캠벨: 성경에는 무시해버려도 되는 부분들이 있습니다. 그러면 오히려 우리의 삶이 더 풍요로워질 것입니다. 성경을 던져버려야 하는 것은 아니지만 새롭게 이해해야 하는 것은 분명합니다. 정통 기독교는 성경을 글자 그대로 읽는 것을 원칙으로 합니다. 하지만 같은 상징이라도 유대교적이거나 기독교적인 서로 다른 신화로 이해할 수 있습니다. 두 종교는 전통적으로 선과 악, 신과 인간을 분리된 것으로 이해하죠. 하지만 그 상징들은 모두 대립을 초월해 있습니다. 그노시스 학파나 카발라 학파는 같은 상징이라도 훨씬 더 신비주의적으로 바라봅니다. 여호와가 이사야에게 한 말을 기억해보세요.

"나는 빛을 만들고 어둠을 창조한다. 나는 평화를 가져오기도 하고 재앙을 일으키기도 한다."

이 말에 의하면 여호와는 대립을 초월해 있습니다. 정통 기독교에서 말하는 신보다 더 큰 차원에 있는 것입니다. 이것은 예수가 하는 말에서도 아주 분명하게 나타납니다. 예수는 말합니다.

"너희는 '네 이웃을 사랑하고 원수를 미워하라'는 말을 들어왔다. 그러나 내가 너희에게 말하노니, 원수를 사랑하라."[58]

원수를 사랑하라고요? 그 원수가 도덕적으로 비난받아 마땅한 모든 것을 대표한다고 가정해봅시다. 만일 그 원수가 히틀러라면, 그를 사랑할 수 있을까요? 그를 사랑하지 못한다면 기독교인이 될 수 없나요?

우리의 페르소나 체계에 의하면 히틀러는 원수로 남아 있어야 합니다. 히틀러가 주장한 이념은 우리가 선과 악이라고 배운 것과 다릅니다. 우리는 각자 자신의 입장을 지켜야 합니다. 그런데 그를 사랑할 수 있을까요? 그를 사랑하는 것은 테니스 경기장에서 양쪽이 모두 보이는 위치에 서는 것입니다. 네트 한쪽에서 경기를 하면서 동시에 심판의 위치에 서야 하는 것이죠.

그리스도는 말합니다.

"원수를 사랑하라. 그러면 너희가 하늘에 계신 아버지의 아들이 될 것이다. 너희 아버지는 악한 사람이나 선한 사람 모두에게 햇빛을 비추시고, 의인과 죄인 모두에게 비를 내려주신다."[59]

그리스도는 이것을 이 세상 만물과 창조주와의 합일에 이르는 불교의 깨달음과 같은 것으로 이해한 반면, 정통교회는 그러한 이해를 부정합니다. 예수는 "아버지와 나는 하나다."[60]라고 말했기 때문에 정통파 교인들에 의해 십자가에 매달렸죠. 그리고 정확히 같은 이유로 그로부터 900년 후에 알 할라즈Al-Hallaj가 예수와 같은 운명을 맞았습니다. 교회에서는 이 문제를 해결하기 위한 시도로 그리스도가 신인 동시에 인간이라고 말합니다. 하지만 그리스도는 그렇게 말하지 않았습니다. 그는 항상 자신을 인간의 아들이라고 불렀어요. 그리고 그 자신과 아버지는 하나라고 했죠. 성경에 그렇게 나와 있습니다.

여자: 프랑켄슈타인의 이미지는 어떻게 이해할 수 있을까요? 우리 아들은 지금 열 살인데 프랑켄슈타인에게 푹 빠져 있어요.

캠벨: 그 책에는 여러 가지 신화적 주제가 나옵니다. 연금술에는 인공적으로 만든 창조물이라는 뜻의 호문쿨루스Homunculus라는

개념이 있습니다. 괴테는 『파우스트』에서 그 존재에 대해 자세히 묘사하고 있죠. 2부 1막에서 파우스트는 연구실에서 유리병에 작은 인간 호문쿨루스를 만들어냅니다. 호문쿨루스는 동정녀 수태, 새로운 인간의 탄생을 상징합니다. 유리병은 동정녀의 자궁이죠. 그 인간은 자연이 아닌, 인간 정신의 원리와 기술로 만들어진 존재입니다.

연금술사들은 항상 쇳덩어리를 금으로 만들었지만, 사실 그들은 정신의 금을 만들고 있었습니다. 자연의 잘못을 극복하려는 정신의 여정은 거기서 끝나지 않았습니다. 『프랑켄슈타인』에 나오는 곱사등이 조수는 자연의 잘못, 우리가 극복한 줄로 알았던 자연의 실수를 상징합니다. 사무엘 버틀러의 소설 『에레혼Erewhon』에는 저절로 작동하는 자동기계를 발명하는 이야기가 나옵니다. 셈족의 전통에서 신들이 정원을 가꾸기 위해 사람을 만들었던 것처럼 사람들이 자신들을 대신해서 일하는 기계를 만든 것입니다. 그런데 옛날이야기에서 인간들이 신들에게 반기를 드는 것처럼, 기계들이 반란을 일으켜서 인간들을 위협합니다. 프랑켄슈타인 박사가 창조한 아담도 그렇지요.

이런 이야기가 왜 우리의 흥미를 끌까요? 나는 두 가지 이유가 있다고 생각합니다. 하나는 우리가 새로운 세상을 만들겠다는 생각을 갖고 있기 때문이죠. 낡은 세상을 뒤로하고 사람들이 저지르는 잘못에서 자유로운 새로운 세상을 만드는 것입니다. 우리는 친절함과 선함을 강조하고 하느님의 사랑에 대해 이야기하지만 그 이면에는 생략되고 억눌려 있는 또 다른 측면이 있다는 것을 아주 잘 알고 있습니다. 그래서 그런 이야기가 항상 우리를 매혹시키는 것이죠. 이 것은 우리의 정신이 균형을 추구하기 때문입니다.

신약에서 바울이 하는 이야기는 대부분 죄를 지으면 어떤 무서운 벌을 받는지에 대한 것입니다. 구약도 마찬가지입니다. 여호와를 찬 양하는 시편을 읽고 나서 여호수아 등을 펼쳐 보면 앞으로 파괴가 일어날 것이고 니네베와 예리코 같은 도시들이 차례로 무너져 내릴 것이라는 기쁨과 승리감에 충만합니다.

남자: 매리 셸리의 소설에 나오는 그 괴물은 흉측한 괴물이 아니 라 아름다운 창조물이었습니다. MGM사에서 영화를 만들었을 때 그 창조물을 미워할 이유가 있어야 한다고 판단해서 흉하게 만들어 낸 거죠. 그는 아름다운 창조물이었지만 인간에게 있는 뭔가가 그 의 이면을 드러내게 한 것이죠.

여자: 하지만 인간이 생명을 만드는 것은 잘못입니다.

캠벨: 오직 하느님만이 나무를 만들 수 있습니다. 누군가 말했듯 이, 오직 하느님만이 바퀴벌레를 만들 수 있죠.

여자: 여자의 영웅 여정에 대해 말씀해주실 수 있습니까? 여자도 남자의 경우와 같은가요?

캠벨: 모든 신화들과 세계의 전설들은 남성의 관점에서 탄생했습 니다. 제가 『천의 얼굴을 한 영웅』에서 여자 영웅을 이야기할 때는

동화를 인용했습니다. 동화는 여자들이 아이들에게 들려준 것이고 다른 관점을 갖고 있습니다. 위대한 신화의 대부분은 남자들이 만들었죠. 여자들은 너무 바빴습니다. 할 일이 너무 많아서 이야기를 쓰면서 앉아 있을 시간이 없었던 거죠.

여자: 저는 모든 면에서 제 자신을 영웅과 동일시하는 것이 어렵지 않고, 저의 아니무스와 접촉하고 있습니다. 르네상스 전시회가 열렸을 때의 일입니다. 저는 검에 흥미를 느꼈어요. 기사가 되는 느낌과 타로 카드에 그려진 검들이 지닌 힘에 대해 궁금했습니다. 그래서 검을 하나 사서 한동안 몸에 지니고 다녔습니다. 밤에는 그것을 들고 다니거나 스커트 위에 차고 다니면서 남성적 에너지와 접촉했죠.

캠벨: 뉴욕에서 칼을 차고 다니면 잡혀갑니다. (웃음)

여자: 저는 한동안 마음속으로 신화의 원형들을 상상하곤 했는데요, 공주와 제 자신을 동일시하는 것처럼 왕과 왕자와도 할 수 있습니다. 사실 지금은 다시 여신과 더 많이 접촉하고 있습니다. 이시스와 아르테미스, 무서운 어머니 여신 칼리도 만나죠.

캠벨: 당신은 두 가지 이야기를 하고 있어요. 첫째 당신은 검에서 남성적 힘을 발견했습니다. 그러면서 여성성으로부터 멀어졌습니다. 그리고 지금은 그러한 발견을 당신의 여성성과 통합하기 위해 다시

돌아오는 여행을 하고 있는 거죠.

당신의 이야기는 여성과 아니무스의 관계 문제를 잘 보여줍니다. 남자는 자신 안에서 여성성을 발견하는 것이 어렵지 않습니다. 왜냐하면 남자의 여성성은 여자의 여성성과 다소 차이가 있기 때문이죠. 제가 하는 말의 의미를 아시겠어요? 남자의 여성성은 당신이 가진 여성성보다 멀리 떨어져 있습니다. 비율이 다른 것이죠.

우리 집사람 역시 당신이 말하는 것처럼 자신을 남자 영웅과 연결하는 것이 어렵지 않다고 항상 말해왔습니다. 남성성은 여자가 어떤 특별한 능력을 갖게 만드는 동인이기 때문입니다. 하지만 여자의 몸은 자동적으로 여성적 본성으로 돌아가는 경향이 있습니다. 제가 20대일 때는 뉴욕에서 누이와 함께 살았죠. 누이는 조각가였고 예술가 친구들이 많았습니다. 그들 중에는 젊은 여자들이 많았는데 서른 살이 넘어가면서 결혼 문제로 고민하는 것을 보았습니다. 제 누이도 마찬가지였죠. 결혼 문제가 그들을 사로잡기 시작합니다. 그래서 결혼을 해서 아이를 낳습니다. 그러다가 이혼이라도 하면 엉망이 됩니다. 예술 역시 흐지부지하게 되죠. 예술가는 자기 일에 전념을 하지 않으면 진지한 경력을 쌓을 수 없습니다. 남자는 이런 문제로 고민하지 않습니다. 남자의 삶은 결혼을 해도 크게 달라지지 않으니까요. 여자들의 경우 본성의 무게가 더 무겁다고 할 수 있죠.

자이나교의 요가는 극단적입니다. 본성을 모두 버리는 것이 목적입니다. 다시 말해 몸의 부름에서부터 완전히 분리되는 것입니다. 그래서 살생을 중지하고 채식을 합니다. 자기 자신을 제외하고는 아무것도 죽이면 안 됩니다. 살생은 살고자 하는 욕망입니다. 그 궁극적인 목표는 삶에 대한 모든 욕망에서 벗어나는 순간 아무런 미련 없이 죽는 것이죠. 이 특별한 요가는 여자들에게는 추천하지 않습니다. 여자들의 몸에는 너무 많은 생명력이 있기 때문이죠. 그래서 그 부름에 따르지 않으면 몸 전체가 원망을 합니다. 남자는 이런 문제가 없습니다. 적어도 정도의 차이가 있죠. 여자가 영웅의 여정을 따라갈 수는 있지만, 자연은 여자에게 또 다른 부름, 또 다른 관계를 요구합니다.

여자 저에게 많은 도움이 된 또 다른 경험은 샤머니즘과의 만남입니다. 샤먼 문화에서는, 말씀하셨듯이, 남자와 여자가 사실 차이가 없습니다. 샤먼은 남자나 여자가 아니라 부름을 받은 사람일 뿐입니다. 저는 그 점에 마음이 끌렸습니다. 그런데 선생님이 하는 이야기에서 한 가지 걸리는 부분이 있습니다. 저는 선생님이 일부 전통적인 생각을 갖고 있다고 느껴집니다. 당신은 어떤 면에서 여자와 남자가 다르다고 하지만 저는 그 말에 동의하지 않습니다.

캠벨: 남녀는 경험하는 방식이 서로 다릅니다. 저는 십 분 정도만 실제로 여자가 되어서 그 차이가 무엇인지 알고 싶어요. 저는 결혼을 늦게 했습니다. 가장 큰 이유는 결혼이 독서에 방해가 될 것이라고 생각한 것이죠. (웃음) 사실입니다. 그리고 또 다른 이유가 있었죠. 어떤 여성과 진지하게 사귈 때마다 어깨가 무거워지는 느낌이 들었습니다. 삶이 무거웠습니다. 모든 사람이 아주 중요하다는 느낌이 그 작은 자극을 엄청난 무게로 느끼게 했습니다. 그럴 때마다 진

저리를 치며 도망쳤지만 얼마 안 가 또 다른 여성을 만나 같은 무게를 느끼고 있더군요. 이런, 또 걸려들었네!

여자: 여자도 마찬가지예요! (웃음) 저도 남자에 대해 정확하게 그렇게 느낍니다! (웃음) 게다가 저는 집을 지켜야 하는 쪽이죠! (웃음) 혼자 밖에 나가면 가볍고 자유로운 느낌이 드는 것은 마찬가지죠.

캠벨: 여자들은 항상 즐거움을 원했는데 나는 그런 것에 흥미가 없었습니다. (웃음)

여자: 여자들이 무거운 거군요.

캠벨: 여자들이 그래서 즐거움을 필요로 하는 거죠. (웃음) 그러면 이제 남자와 여자가 다르다는 사실에 동의하시는 건가요?

여자: 여자들은 동의하지 않을 거예요. 당신은 결혼이 여자를 끌어내린다고 생각하시는군요. 저에게는 아름답고 똑똑한 딸들이 있는데, 그들은 결국 어떤 남자에게 기대 살면서 설거지나 하는 것으로 끝날까요? 양말을 빨고 설거지하고 집을 청소하는 것으로 끝날까요?

캠벨: 제 누이와 그녀의 친구들은 설거지를 하지 않았습니다. 그들은 조각을 했어요. 그런데 그들의 몸이 말했죠. '이런, 나는 뭔가를 하지 못하고 있어.' 만일 당신의 딸들이 설거지를 하고 싶어 하지

않는다면, 뭔가를 시작해서 끝까지 최선을 다하게 하세요.

여자: 하지만 몸이 부릅니다. 사회적으로 성공한 친구가 있습니다. 그녀가 어느 날 말하더군요, "생체시계가 멈추어가고 있어, 아기를 가져야 할까? 아기를 가질 수 있을까?"

캠벨: 그건 어쩔 수 없는 일이죠.

남자: 생물학적 운명을 따라갈 것인가 아니면 개인의 운명을 따라갈 것인가 하는 문제네요.
캠벨: 너무 거창한 표현이군요. (웃음)

남자: 좀 더 구체적으로 표현할 수 있을까요?

캠벨: 소명이라고 하면 어떨까요.

여자: 두 가지를 함께 할 수 있을까요? 여자가 어머니가 되고 자기실현도 할 수 있나요? 남자는 아버지이면서 기사의 모험을 하는 것이 가능한가요?

캠벨: 그럼요. 할 수 있습니다. 제 말은 남자와 여자가 목표 달성에서 달라지는 이유가 여자의 경우 아이를 낳아서 키우는 소명이 무겁고 강력하기 때문이라는 것입니다. 남자는 그런 갈등 없이 계속할

수 있고요. 물론, 남자들이 여성의 상징인 생명으로부터 벗어나 생활하는 극단적인 예는 여자들의 출입을 허락하지 않는 그리스 아토스 산의 수도원에서 볼 수 있습니다. 중세에는 수도원에 만일 여자를 들여보내면, 여자가 아무리 큰 곤경에 처해 있다고 해도, 문지기에게 벌을 내렸습니다.

여자의 경우에는 삶에서 몸의 부름, 본성의 부름이 매우 강력합니다. 남자 역시 여자가 갖고 있는 강력한 본성을 느낍니다. 『피네간의 경야』에서 조이스는 여자가 생명 에너지라는 힌두교의 관점을 취하고 있습니다. 남자는 여자에게서 활력을 얻습니다. 여자는 활력소입니다.

유럽이나 중국의 사상에는 모두 음양론 비슷한 이야기들이 있습니다. 남자는 공격적이고 능동적이며, 여자는 수용적이고 수동적이라고 합니다. 그런데 인도는 전혀 정반대입니다. 인도에서 여성성은 샤끄띠śakti입니다. 샤끄띠는 척추를 따라 올라가는 뱀이 지닌 힘, 에너지를 흐르게 하는 힘이죠. 인도에서는 여신을 기념하는 두르가Durgâ 축제가 열립니다. 두르가는 팔이 여덟 개이고 검을 들고 있습니다. 당신이 검을 들고 다니는 것은 두르가를 연기하는 것입니다. 이 축제는 3주 동안 계속됩니다.

그 주요 이미지는 『데비 마하뜨미야Devî Mahâtmya』라는 신화에서 볼 수 있습니다. 그 이야기에서 들소 머리를 한 요기가 엄청난 집중력으로 모든 신들을 제압합니다. 신들은 아무도 이 괴물 요기를 꺾을 수 없었답니다. 그래서 신들이 모여 둥글게 원을 그리고 앉아 그들의 에너지를 원래 있던 곳으로 돌려보내자 거대한 검은 구름이 일어나더니 그 속에서 여덟 개의 팔을 가진 두르가 여신이 나타납니다. 각각의 손에는 남신들의 상징이 들려 있습니다. 그 남성적 힘들은 여성성이 구체화된 것입니다. 여성이 에너지의 근원이고 남성은 그 에너지가 단지 이런 저런 식으로 변형된 것이죠.

따라서 여자가 남성성을 자기 것으로 만들기가 더 쉬운 것입니다. 특별한 활동에 전념하는 남자가 다시 일반적인 존재로 돌아가기는 훨씬 더 어렵습니다. 이것은 붓다가 했던 것이죠. 이것은 더없이 영웅적 행동입니다. 해체에 가까운 것이죠. 여자의 경우에는 반대로 자신을 구체화하면 되는 것입니다. 자기 자신을 어느 지점까지 가져가면 되는 것입니다.

남자: 영웅의 여정에 관한 제 생각은, 남자는 종종 삶, 보다 넓은 의미에서의 삶과의 관계를 발견하기 위해 절정의 경험, '내가 바로 그것이다'의 경험을 추구합니다. 어떤 면에서, 자녀가 없는 여자들에게는 영웅의 여정이 그다지 어렵지 않습니다. '여성의 영웅 여정은 어떤 것인가?'라고 하셨을 때 저는 제가 알고 있는 여자들이나 역사 속 여자들을 생각했습니다. 사회적인 활동을 하는 여자들의 삶에서 영웅의 여정을 찾아본다면 아마도…

여자: 그것은 다른 것입니다. 영웅의 여정은 그런 것이 아니에요.

남자: 아니라고요?

여자: 그것은 단지 위쪽에 있는 매우 현실적인 세상에서 움직이는 것이지 영웅의 여정은 아닙니다. 적어도 그것은 우리가 생각하는 그런 것이 아닙니다. 영웅의 여정은 정신 속으로 깊이 들어가는 것이고, 남자나 여자나, 그 여정을 가지 않는다면 단지 반쪽 인생을 사는 것이지요. 신화적인 차원이 열린 것은 아니라는 겁니다. 그 차원은 현실에서 성취하는 것과는 아무 관계가 없어요.

남자: 금방 생각나는 예가 없지만, 어떤 여자가 외부 세상에서 성공하는 동시에 신화적인 세계로 들어간다면 영웅의 여정이라고 할 수 있을 것입니다. 하지만 남녀의 차이는 아이를 낳는 것과 관계가 있다고 생각해요. 제가 아이를 낳을 일이 없어서 단지 추측을 할 뿐이지만, 출산은 영원한 삶과 연결되는 것으로 해석할 수 있습니다. 여성의 몸은 영생으로 연결되고 어떤 식으로 그 속으로 들어갑니다. 남자들은 그런 경험을 할 수 없어요. 남자들은 밖으로 나가서 찾아야 합니다. 이런저런 시험을 통과해야 하죠. 하지만 여자들은 그러한 시험과 함께 존재합니다. 이것이 여성의 여정에서 다른 부분인 것 같아요.

캠벨: 아시다시피, 저는 38년 동안 여학생들을 가르쳤는데 거의 가정교사처럼 매우 친밀한 교육을 했어요. 학생들을 아주 잘 알고 지냈죠. 그들은 하나둘씩 결혼을 해서 현실적인 문제에 관여하고 활동하는 남편들을 위해 내조를 했습니다. 나에게 그들은 여덟 개의 팔을 가진 여신처럼 보입니다. 상황이 여자에게 그런 역할을 하도록

요구하면 여자는 그저 이미 자신이 갖고 있는 힘을 구체화하면 되는 것입니다.

하지만 남자의 경우는 완전히 다릅니다. 남자는 그런 기반이 없습니다. 남자에게 그것은 정신적으로 아주 다른 문제입니다. 당신이 검을 내면화한 것을 예로 들어보죠. 저라면 출산과 관련된 여성적인 상징을 내 것으로 만드는 것이 매우 어려울 겁니다. 물론 남자는 출산을 할 수 없습니다. 남자는 그렇게 직접적으로 생명의 에너지 체계에 연결되어 있지 않은 거죠. 남자는 구체적인 활동 영역에 속해 있어요. 원시 예술에서도 이것을 볼 수 있어요. 크로마뇽 동굴 벽화와 비너스의 조각상을 보면 여자는 단지 벌거벗은 모습으로 거기 서 있습니다. 여자는 존재 그 자체로 완전하죠. 하지만 남자 조각상은 항상 특별한 역할, 특별한 행동을 취하고 있습니다. 사냥꾼이나 샤먼과 같은 모습을 하고 있죠. 여덟 개 팔을 가진 위대한 여신의 손에는 각각 남신들의 상징이 들려져 있습니다. 여신은 그 모두를 아우르는 것이죠.

여자: 지금 갑자기 여자의 타고난 인내심이 짐을 실을 낙타의 단계에 여자를 가두어두고 있다는 생각이 드는군요.

캠벨: 니체는 『자라투스트라는 이렇게 말했다』에서 삶의 세 단계를 이야기합니다. 낙타가 짐을 싣고 사막으로 가서 사자가 되어 용을 죽이고 그다음에 자유로운 어린아이가 되는 거죠.[61]

여자: 그렇다면 여자는 인내하는 능력 때문에 낙타 단계에서 머물러 있는 것이 아닐까요? 반면에 남자는 기다리지 못하고 행동을 취하려는 욕망 때문에 사자가 되어 용을 물리치는 것이고요. 낙타 상태에서 머물러 있는 여자들이 움직여서 사자가 되고 그 너머로 가지 않는다면 당신이 이야기한 그 무서운 에난티오드로미아에 갇히게 되는 것이라고 생각해요.

캠벨: 어제와 그제, 이틀에 걸쳐 여성분들이 하는 이야기를 들은 후에 저는 여자들의 대표적인 경험이 인내하는 것이라는 생각이 들었습니다. 여자에게는 관용과 인내심이 필수 조건이더군요. 그에 비해 남자는 시련을 통과해서 앞으로 나아갑니다. 대부분의 성인식은 남자들에게 터무니없는 고통을 견디도록 합니다. 1830년대에 조지 캐틀린은 만단족 인디언들과 함께 지내면서 그림을 수백 점 그렸는데,[62] 가장 기억에 남는 것은 소년들의 성인식과 관련된 그림이었습니다. 소년들이 대못으로 가슴살을 뚫어서 천장에 매달려 있는 그림이 있었죠. 한 소년은 그에게 말했어요. "여자들은 고통을 겪습니다, 그래서 우리도 역시 고통을 배워야 합니다." 고통은 여성의 일부인 반면 남자는 고통을 수행합니다. 이것은 커다란 차이입니다.

여자: 여자는 고통이 줄어드는 지점에 도달해야 하고, 남자는 고통을 이겨내는 법을 배워야 하는 거네요.

캠벨: 남자는 문제를 찾아가야 합니다. 여자는 삶을 따라갑니다.

여자는 첫 생리를 하면 여자가 됩니다.[63] 남자는 그런 경험을 하지 않죠.

여자: 대신 의례를 통과해야죠.

캠벨: 의례가 잔인하고 폭력적인 것은 바로 그런 이유 때문입니다. 의례를 거치면 더 이상 작은 소년이 아니죠. 또한 어머니로부터 독립해야 합니다.

여자: 하지만 요즘은 그렇지 않습니다. 제 남동생은 스물네 살까지 집에서 살았고, 그 후에도 어머니에게서 완전히 독립한 적이 없어요.

캠벨: 그런 경우가 많다는 것을 알고 있습니다. 하지만 대부분은 독립을 합니다. 그리고 어머니들은 아들이 독립할 수 있도록 이해하고 격려해 주어야 합니다. 우리 문화에서 자식에게 매달리는 엄마는 자식의 삶에 큰 짐이 됩니다. 원시의 전통 문화에서는 자식을 매몰차게 떼어냅니다. 얼마 전 뱅골의 힌두교 의례에 대해 읽었습니다. 낙타의 삶을 사는 여자의 대표적인 예라고 할 수 있죠. 여자는 결혼할 때까지 아버지가 시키는 것을 해야 하고, 결혼을 하면 남편이 시키는 대로 해야 하고, 남편이 죽었을 때 화장을 하는 장작더미 위로 몸을 던지지 않으면 장남이 시키는 대로 해야 합니다. 여자는 자기 마음대로 살 수 없습니다. 그리고 자녀에게 강한 애착을 갖습니다.

그래서 여자가 아들을 보낼 수 있도록 하는 의례가 있습니다. 이 것은 몇 년에 걸쳐 행해집니다. 가족의 성직자가 찾아와서 어머니에게 아끼는 물건을 달라고 합니다. 어머니는 보석으로 시작해서 다음에는 음식 등을 내주면서 자신이 아끼는 것을 포기하는 법을 배웁니다. 그러다가 아들이 더 이상 소년이 아닌 남자가 되는 날이 왔을 때 그녀의 삶에서 가장 소중한 것을 보낼 수 있게 되는 거죠. 여자에게는 떠나보내는 것이 성인식입니다. 남자는 어머니의 세계에서 벗어나 남자들의 세계에서 자신의 활동 영역을 발견하는 과정을 차례로 통과합니다.

그에 비해 여자는 생명을 따라갑니다. 소녀의 성인식은 대개 첫 생리를 할 때 작은 헛간에 들어가 앉아서 자신이 여자라는 것을 깨닫는 것이 거의 진부입니다. 소년은 남자가 되기 위해 의례를 통과해야 하지만 소녀는 자신이 여자라는 것을 알면 되는 거죠. 그다음에 임신을 하면 어머니가 됩니다.

여자: 그리고 낙타가 되는 거군요.

캠벨: 반드시 그렇지는 않아요. 여자는 낙타가 아닙니다. 그것은 여자가 속한 활동 영역일 뿐이죠. 여자는 그 영역 안에서 자신을 완성할 수 있습니다. 남자가 자신의 영역에서 하듯이 말입니다.

여자: 여자가 결혼을 하거나 어머니가 되거나 어떤 선택을 하든지 계속 자신의 잠재성을 탐색하고 발휘할 수 있다면 이상적이죠.

캠벨: 하지만 가정을 꾸려가기 위해서는 하기 싫은 일들을 해야 합니다. 세상에 허드렛일이 없는 직업은 없습니다.

여자: 그 말에 전적으로 동의합니다.

캠벨: 그럼 무엇이 문제인가요?

여자: 당신은 우리가 끊임없이 주의를 빼앗기면 창조적이거나 영적인 과제를 수행하기 어렵다는 이야기를 하셨습니다.

캠벨: 저는 아이를 갖는 것도 창조적인 일이라고 말했습니다.

여자: 저는 영웅의 여정은 우리가 설거지를 하거나 안 하거나, 또는 기숙사나 전쟁터나 도서관이나 어디에 있거나 하는 것과는 상관없다고 봅니다. 그것은 정신적인 여정이며, 무슨 일이든 창조적으로 할 수 있다고 생각해요. 만일 내면의 심리적인 문제들을 해결하고 신화적인 영역을 우리 자신의 것으로 만든다면 무슨 일이든지 창조적으로 할 수 있습니다. 그리고 그 여정이 정신의 문제라는 점에서는 여자나 남자나 마찬가지라고 생각해요. 저는 당신이 이야기하는 영웅의 여정에 많이 공감합니다. 덕분에 저의 삶이 모든 면에서 밝아졌습니다. 안그러면 자포자기할 겁니다. 내면의 기쁨을 느끼지 못할 거에요. 저로서는 영원 속에 발을 들여놓은 셈이죠. 세상을 비유적으로 보는 법을 배우고 사물을 다르게 보게 되었어요.

캠벨: 저는 여학생들을 가르치면서 그들을 문헌학자나 역사가로 만들겠다는 생각은 하지 않았어요. 그런데 그들에게 왜 이런 것을 가르쳤을까요? 지식을 이용하는 방법은 여러 가지가 있습니다. 저는 이런 생각을 했습니다. 그들 대다수는 결혼을 할 것이고 아이를 가질 것이고 매일 가사에 쫓길 것입니다. 그들이 해야 할 일은 내가 지금 그들을 가르치면서 매일 하는 허드렛일들처럼 처음에는 흥미로울지 몰라도 역시 재미가 없을 겁니다. (웃음) 그들은 가정을 꾸리고 살다가 오십대가 되어서 가족이 떠나기 시작할 때가 되면 불쌍한 벵골 여자들처럼 되겠다는 생각이 들었어요. 그래서 그들에게 인생 여정의 후반부에 세상을 바라보는 정신적인 방법을 알려주고자 했습니다. 벌써 오래전 일이죠. 그 여학생들은 20년, 30년, 40년이 지난 지금도 알고 지내는데 모두들 이구동성으로 도움이 되었다고 말합니다. 내가 가르친 것이 지금 그들 모두의 삶에 어떤 식으로든 영향을 주고 있는 것입니다.

당신 역시 이런 문제를 갖고 있습니다. 당신이 하는 일은 당신으로부터 많은 것을 앗아갔죠. 설거지는 상당히 지루하고 힘든 일일 수 있습니다. 지금 당신은 삶에 그 이상의 뭔가가 있어야 한다고 생각하는 거죠? 결혼을 하면 누구나 당신과 같은 문제를 느낍니다. 결혼은 남자이건 여자이건 모두에게 영향을 줍니다. 만일 내가 그랬던 것처럼 자유롭게 정신의 독수리 비행을 즐기려고 했다면 결혼을 하지 말았어야죠. 그런데 여자는 서른 살이 되면 종종 결혼을 하고 싶어 해요.

여자: 결혼을 하지 않아도 설거지는 해야 해요.

캠벨: 그럼요. 누구나 성가신 일들을 해야 하죠.

여자: 어떤 사람들은 그런 일을 귀찮게 여기지만 나는 일종의 수행으로 생각하고 싶어요. 하지 않으면 안 되는 일들이 있습니다. 채소는 씻어야 먹을 수 있어요.

캠벨: 때로 허드렛일을 하는 것 자체가 영웅적이 될 수 있죠. 중요한 것은 그런 일에 갇히지 않고 그 일을 통해 자유로워지는 것입니다. 모험은 항상 무모합니다. 이것저것 따지지 않고 덤벼들어야 합니다. 책을 다시 고쳐 쓰는 단순한 일에서도 그런 부분이 있습니다. 독일 시인 실러는 작가의 장애물이라고 말한 증상에 시달리는 젊은 작가에게 아주 흥미로운 편지를 보낸 적이 있어요.[64] 그 청년은 작가가 되는 소명을 거부하고 있었죠. 실러는 이렇게 말했습니다. "당신의 문제는 어떤 시심이 그 자신을 표현할 기회를 갖기도 전에 스스로 비판하는 마음부터 생기는 것입니다."

문학도는 셰익스피어와 밀턴을 공부하면서 젊음을 보냅니다. 그들의 천재성에 감탄하면서 말이죠. 그러다가 직접 초라한 작은 시를 쓰기 시작하면서 생각합니다. '이렇게밖에 쓰지 못하다니 정말 한심하다. 그만둬야겠다!'

저는 글을 쓸 때 전체 학계를 생각합니다. 그들이 무슨 생각을 하는지 알고 있죠. 그들은 저와 생각이 다릅니다. 저는 눈 딱 감고 말합니다. '단두대의 칼로 내 목을 내리쳐요. 마음대로 하시오. 당신들은 어쩔 수 없이 내 이야기를 듣게 될 거요.'

그럴 때마다 두 개의 바위가 서로 부딪치기 전에 그 사이를 아슬아슬하게 통과하는 듯한 조바심을 느낍니다. 하지만 그런 생각이 들기 전에 통과합니다. 마치 그 생각을 내보내기 위해 그 문이 닫히지 않도록 붙잡고 있는 것 같은 — 생각으로 붙잡고 있는 듯한 — 아주 묘한 느낌이 듭니다. 그렇게 해서 통과합니다. 부정적인 측면에 대해서는 생각하지 마세요. 반대가 있을 것이고 그것은 설거지와 마찬가지로 감수해야 하는 것입니다. 전에 없었던 뭔가를 하기 위해서는 그 문을 잡고 열어두어야 합니다. 모든 비판을 막아내고 당신이 해야할 일을 하는 것입니다. 누구나 살면서 이런 경험을 합니다. 글을 쓴다면 문장을 만들면서 항상 하는 것이죠.

여자: 다른 것들은 모두 외부적인 문제입니다.

캠벨: 그렇습니다. 신화에서 용과 싸우는 것이죠. 용은 빨간 펜을 갖고 오거나 설거지거리를 잔뜩 짊어지고 덜거덕거리며 우리 앞에 나타나죠. (웃음)

여자: 남자의 의무가 집에 먹을 것을 가져오는 것이라면 여자의 의무는 설거지를 하는 것이겠죠.

캠벨: 붓다는 열반에 드는 순간 세 가지 유혹을 마주했습니다. 욕

정의 신 까마는 그의 앞에 아름다운 여인 세 명을 보냈습니다. 그들의 이름은 욕망, 성취, 후회였죠. 하지만 붓다는 자아를 버리고 우주 전체, 의식과 하나가 되어 있었습니다. 그래서 꿈쩍도 하지 않았죠. 그러자 까마는 두려움의 신 마라로 변신을 해서 붓다에게 온갖 무시무시한 무기들을 던집니다. 하지만 붓다는 더 이상 인격이 아니었으므로 두려워하지 않습니다. 일어나는 모든 일과 하나였으므로 검이나 창과 같은 하찮은 현상들은 그에게 영향을 줄 수 없었죠. 그다음에는 세 번째 유혹이 옵니다. 그것은 우리가 방금 이야기한 다르마, 또는 의무입니다.

"나무 아래 앉아 있는 젊은이여, 그대는 왕자입니다! 어찌하여 그대의 백성들을 다스리지 않는 것이요? 왜 그대가 속한 왕좌에 앉지 않는 거요?"

붓다는 이 말에도 움직이지 않습니다. 그는 손을 내려서 땅을 만집니다. 그는 그 땅, 자연 그 자체를 불러서 자신이 올바른 자리에 있다는 것, 세상의 중심에 있다는 것을 증거하도록 합니다. 그는 자신에게 주어진 의무를 다한 것이죠.

여자: 맞아요. 우리는 설거지를 하거나 돈을 벌어야 합니다.

캠벨: 그렇죠. 붓다는 그런 과제를 수행하고 나서 자유로워졌습니다. 꾼달리니 이야기를 기억하시죠? 골반의 짜끄라는 생존하고, 번식하고, 쟁취하는 힘입니다. 이 세 짜끄라는 동물들도 갖고 있습니다. 그리고 심장의 짜끄라는 깨달음, 영적 차원이 열리는 곳입니다.

일단 우리가 이 지점에 도달하면 그러한 힘들이 정신적이 됩니다.

우리가 가운데 있는 심장으로 이것을 알 때, 우리는 사랑을 불러들입니다. 그러지 않으면 설거지는 단지 허드렛일이죠. 당신이 설거지를 사랑할 때, 그것이 당신의 삶에서 중요한 의미가 있다고 생각할 때, 당신 가족의 음식과 건강과 그 모든 것이 될 때, 의미를 갖게 되고 당신은 자유로워집니다. 보살bodhisattva의 의미는 눈에 보이는 행동에는 구속이나 해방의 차이가 없는 것입니다. 두 사람이 같은 행동을 해도 한 사람은 정신적으로 묶여 있고 다른 한 사람은 자유로울 수 있습니다. 극단적인 예를 들면 성인들이 감옥에 갇혀서 허드렛일을 하면서도 초월성을 발견한 역사가 있습니다. 아무리 하찮은 일이라도 우리가 스스로 선택해서 하는 것이라면 그것이 우리를 끌어내리지 않습니다.

여자: 저는 지금 완두콩과 메주콩을 분류하고 있는 프시케가 된 기분이에요. 지금까지 들은 이야기를 추려서 여자의 영웅 여정을 위한 의미를 찾고 있어요. 문득 여자의 여정은 남자와는 다르다는 생각이 듭니다. 여자의 여정은 시간이고 남자의 여정은 공간이죠. 여자의 과제는 끝까지 남아서 인내하는 거예요. 그냥 앉아 있는 것이 아니라 주어진 일을 하면서. 해도 해도 끝이 없는 일을 하며. 점점 더 깊이 점점 더 깨끗하게 닦아야 하는 거죠. 반면 남자는 소위 숲속 모험이라고 부르는 것으로 들어갑니다.

캠벨: 오디세이에는 세 가지 여정이 나옵니다. 하나는 아들 텔레

마쿠스가 아버지를 찾아가는 것이고, 또 하나는 아버지 오디세이의 여정으로, 마침내 남자가 여성을 지배하는 것이 아니라 인정하고 연결하는 것입니다. 그리고 세 번째는 페넬로페의 여정입니다. 그녀의 여정은 당신이 이야기한 것처럼 인내하는 것이죠. 난터켓 섬에 가면 여자들이 지붕 위에서 남편이 바다에서 돌아오기를 기다리며 오두막 지붕 위에서 서성거리는 것을 볼 수 있습니다. 텔레마쿠스와 오디세이가 공간 여행을 했다면 페넬로페는 시간 여행을 한 것입니다.

여자: 남자의 여정은 보통 젊은 청년기에 출발하는 반면에 여자의 여정은 아마 정신적인 성숙을 달성해서 설거지와 출산을 통과하는 것이라는 말인가요? 그러면 아이가 없는 여자들은 어떤가요?

캠벨: 제 아내 진에게는 아이가 없습니다. 진은 무용수이자 안무가로, 한때는 마사 그레이엄과 함께 일했어요. 마사에게는 춤이 전부입니다. 그녀는 이제 90세가 되었지만 아직 활동하고 있으며 여전히 예술가입니다. 마사는 더 이상 춤을 출 수 없었을 때 무서운 정신적 위기를 겪었습니다. 그녀에게는 몸이 도구였어요. 하지만 진은 춤을 자신의 일부라고 생각했죠. 지금은 몸이 말을 듣지 않지만 그것을 받아들일 수 있습니다. 진에게 춤은 일이 아닌 그녀의 삶 자체니까요. 이것이 가장 중요합니다.

여자: 그러면 부인께서는 영웅의 여정을 걸어온 건가요?

캠벨: 그녀는 멋진 인생을 살았지요.

여자: 부인께서는 어떻게 생각하시나요? 자신의 삶을 영웅의 여정으로 생각하나요?

캠벨: 신화가 어느 정도 도움이 되었다고 할 수 있죠. 그리고 그녀에게는 그런 삶을 살 수 있도록 기꺼이 외조를 해준 남편이 있었답니다.

조지프 캠벨의 생애

　조지프 캠벨은 1904년 3월 26일 뉴욕주 화이트플레인스에서 가톨릭계 중산층 가정의 장남으로 태어났다. 평범한 어린 시절을 보내던 캠벨은 일곱 살이 된 해에 아버지의 손에 이끌려 남동생 찰리와 버팔로 빌의 와일드웨스트 쇼를 구경하러 갔는데, 그 경험이 그의 인생에서 중요한 계기가 되었다. 쇼의 주인공은 분명 카우보이들이었지만, 캠벨은 손에 활과 화살을 들고 특별한 지혜가 담긴 표정으로 땅에 귀를 대고 있는 벌거벗은 아메리칸 인디언들의 모습에 매혹되었다. 캠벨에게 큰 영향을 준 철학자 아서 쇼펜하우어는 다음과 같은 말을 했다.

　우리가 어린 시절과 청소년기에 보고 느끼는 것들은 이후로 알게 모르게 지식을 습득하고 경험하는 방식과 기준이 되거나 또는 그에 따라 사물을 분류하게 된다. 그렇게 해서 세계관의 기초가 수립될 뿐 아니라 피상적이거나 깊이 있는 관점을 갖게 된다. 그 이후로도 계속 생각이 발전하고 완성되지만 본질적으로 변하지 않는다.

　어린 캠벨도 그러했다. 그는 가족의 신앙생활에 열심히 참여했던 동시에 아메리칸 원주민 문화에 빠져들었다. 따라서 그의 세계관은 서로 다른 신화적 관점이 팽팽한 긴장을 이룬 가운데 형성되었을 것이다. 그는 아일랜드 가톨릭의 전통 의식, 상징, 풍부한 유산에 둘러싸여 살았으나 다른 한편으로는 원시 부족의 직접 경험에 사로잡혀 있었다. 훗날 그는 원시 부족에게서 느낀 것을 다음과 같이 표현했다.

"그들은 절대적으로 초월적이면서 보편적으로 편재하는, 전체 우주이면서 우리 자신의 근거가 되는 '두렵고 매혹적인 신비 mysterium tremendum et fascinans'를 끊임없이 역동적으로 보여준다."

열 살 때는 동네 도서관의 어린이 서가에 있는 아메리칸 인디언에 대한 책을 모두 읽은 후에 성인 서가에 출입할 수 있는 허락을 받아 『미국 민족학국 보고서 Reports of the Bureau of American Ethnology』 시리즈 전권을 완독했으며, 미국 자연사박물관에 전시된 토템 기둥과 가면 같은 수집품에 매료되어 자주 드나들면서 평생의 탐구를 시작했다.

13세에는 호흡기 질환을 치료하느라 한 해를 쉬고 잠시 뉴욕 웨스트체스터에 있는 사립학교 아이오나에 다니다가 다시 코네티컷 뉴밀포드의 가톨릭 기숙사학교인 캔터베리로 전학했다. 고등학교 생활은 대체로 만족스러웠으나 그의 가족에게 큰 비극이 일어났다. 1919년 집에 불이 나서 할머니가 죽고 전 재산을 잃었다.

1921년 캔터베리를 졸업하고 다음 해 9월 다트머스 칼리지에 입학했지만 학구열이 부족한 분위기에 실망하고 컬럼비아 대학으로 옮겨간 후에 두각을 나타냈다. 중세문학을 전공했고 재즈 밴드에서 연주를 하며 달리기 선수로도 활약했다. 1924년 가족과 함께 유럽을 배로 여행하던 중에 신지학협회의 차기 메시아였던 지두 크리슈나무르티[Jidu Krishnamurti]를 만나 친분을 맺었다. 그들은 이후 5년 넘게 이따금씩 만나 우정을 이어갔다.

컬럼비아 대학을 졸업하고(1925) 아서왕 연구로 석사 학위를 받았으며(1927), 프라우드핏 트래블링 장학금으로 파리 대학에서 공부하다가(1927~1928) 모교인 고등학교의 교사 제의를 거절하고 독일의 뮌헨 대학에 가서 연구를 계속했다(1928~1929).

유럽에 머물던 시기에 캠벨은 조각가 앙투안 부르델, 파블로 피카소, 폴 클레, 제임스 조이스, 토마스 만, 지그문트 프로이트, 칼 융과 같은 거장들을 만났으며 그들의 예술과 통찰력에서 많은 영감을 받았다. 그들과의 만남을 통해 그는 모든 신화는 인간 정신의 창조적 산물이며, 예술가들은 신화 창조자들이며, 신화는 정신적, 사회적, 우주적, 영적인 현실을 설명하고자 하는 인류의 보편적인 욕망이 만들어내는 창작품이라는 생각을 갖게 되었다.

1929년 8월에 유럽에서 돌아왔을 때 그는 평생 무슨 일을 해야 할지 결정하지 못하고 있었다. 대공황이 시작되면서 교직을 구하기 어려웠고 그로부터 2년 동안 대부분의 시간을 가족들과 오랜 지인들을 만나고 독서하고 글을 쓰면서 보냈다. 1931년 후반에 컬럼비아 대학에서 박사 학위를 받거나 강의를 할 수 있는 기회를 마다하고 결국 당시에 많은 젊은이들이 그랬듯이 '길을 떠나기로' 했다. 그는 국토횡단 여행을 하면서 '아메리카의 영혼'을 경험하며 인생의 목적을 발견하고자 했다. 로스앤젤레스에서 톨스토이의 『전쟁과 평화』를 원서로 읽기 위해 러시아어를 공부하다가 1932년 1월 그곳을 떠나며 자신의 미래에 대해 생각하며 일기에 다음과 같은 글을 남겼다.

나는 전혀 관련이 없는 주제들을 무턱대고 연구하는 데는 천부적인 소질을 타고난 것 같다. 어디에도 정착하지 못하고 있다는 것을 뼈저리게 느낀다. (중략) 내가 정말 원하는 것이 무엇인지 생각하면 길을 헤매고 있는 듯하다. (중략) 교수가 될 생각을 하면 몸이 근질거린다. 나 자신과 학생들에게 우리가 찾고 있는 것이 책 속에 있다고 믿게 하면서 평생을 보내야 한다니! 그것이 어디에 있는지 모르지만 책 속에 있지 않은 것만은 확실하다. 그것은 여행에 있는 것도 아니다. 캘리포니아에 있는 것도 아니다. 뉴욕에 있는 것도 아니다. 어디에 있을까? 그리고 그것은 대체 무엇일까?

내가 로스앤젤레스에서 얻은 수확이 있다면 내 경력에서 인류학을 제외시킨 것이다. 문득 원시와 아메리카 인디언에 대한 흥미를 살려 글을 써서 먹고 살 수 있을 것 같다는 생각이 들었다. 문학을 제외하고는 어떤 분야도 여기저기 무작정 헤매고 다니기를 좋아하는 내 취향에 맞지 않는 것은 확실하다. 과학은 나를 내리누를 것이다. 아마 과학보다는 문학에서 더 중요한 결실을 맺을 수 있을 것 같다. 만일 나의 존재를 정당화하기를 원하고 계속 인류를 위해 무언가 해야 한다는 생각에 사로잡혀 있다면, 그리고 만일 내가 세상을 올바로 볼 수 있는 눈을 갖춘다면, 현대의 가치들에 대해 올바른 비판을 하는 일은 세상에 도움이 될 것이다. 결국 인류를 구원하는 최선의 방법은 우리 자신을 완성하는 것이라는 크리슈나의 격언으로 돌아간다.

그는 샌프란시스코에 갔다가 다시 남쪽의 퍼시픽그로브로 갔는데 그곳에서 존 스타인벡 부부와 해양생물학자 에드 리켓츠와 자주 만났다. 그 시기에 그는 글을 쓰면서 로빈슨 제퍼스의 시와 오스발트 슈펭글러의 『서구의 몰락Decline of the West』을 읽었다. 70여 곳의 칼리지와 대학에 지원서를 냈으나 직장을 구하지는 못했다. 그러다가 이스트코스트의 캔터베리스쿨에서 사감으로 일하며 불행한 한 해를 보낸다. 그곳에서 좋은 일이 있었다면 그의 첫 단편 소설 『순수하게 플라토닉한Strictly Platonic』이 리버티 잡지에 실린 것 뿐이었다.

1933년 뉴욕의 우드스탁으로 가서 수돗물이 나오지 않는 오두막에서 지내며 독서를 하고 글을 쓰면서 일년을 보냈다. 그리고 마침내 1934년에 새러로렌스 대학의 문학부 교수로 부임해서 30년 동안 그 자리를 지켰다.

1938년에는 그의 학생이었던 진 에드먼과 결혼했다. 에드먼은 후에 새로 떠오르는 분야였던 현대 무용에서 중요한 위치에 서게 되었다. 처음에는 마사 그레이엄이 신설한 무용단의 스타로 활동하다가 나중에는 직접 무용단을 창단하고 무용수이자 안무가가 되었다.

캠벨은 교수로 계속 재임했지만 그의 삶은 우연에 의해 외연을 넓혀갔다. 1940년 스와미 니킬라난다를 소개받고 『스리 라마크리슈나의 복음The Gospel of Sri Ramakrishna』의 새로운 번역에 참여했다. 뒤이어 니킬라난다는 그를 인도학자 하인리히 침머에게 소개했고, 침머는 다시 그를 폴과 매리 멜론 부부가 '인문과학을 포함한 전반적인 문화적 공헌에서 교육과 연구의 발전을 도모하기 위해' 설립한 볼링겐 재단의 편집자에게 소개했다. 캠벨은 볼링겐에서 의욕적으로 출판을 시작한 시리즈의 첫 번째 책인 『두 형제가 아버지에게 간

곳 : 나바호 전쟁 의식Where the Two Came to Their Father : A Navaho War Ceremonial』의 서문과 해설을 썼다.

1943년 침머가 52세의 나이로 갑자기 세상을 떠나자 그의 미망인 크리스티아나와 메리 멜론은 캠벨에게 침머의 유작을 출판해줄 것을 부탁했다. 캠벨은 침머가 쓴『인도 예술과 문화의 신화와 상징 Myths and Symbols in Indian Art and Civilization』,『왕과 시신The King and the Corpse』,『인도 철학Philosophies of India』,『인도의 아시아 예술 The Art of Indian Asia』 2부작을 편집 출간했다.

한편으로는 다시 볼링겐 시리즈의『그림 형제의 동화』에 '민속학 해설'을 썼고, 또한 헨리 모튼 로빈슨과의 공저로 난해하기로 악명 높은 제임스 조이스의 소설을 최초로 연구 분석한『피네간의 경야 주해』를 집필했다.

그가 처음 단독으로 집필한 작품『천의 얼굴을 가진 영웅The Hero with a Thousand Faces』은 작가 최고의 영예인 국립예술원 창작문학상을 수상했다. 캠벨은 모든 문화의 영웅 신화에 보편적이고 본질적인 패턴으로 나타나는 원질신화(제임스 조이스에게서 빌려온 용어)가 존재한다고 가정하고 있다. 또한 신화의 기본 주기를 설명하면서 영웅 여정의 공통적인 변환을 개인의 삶뿐 아니라 문화에서 볼 수 있다고 이야기한다. 그의 저술은 창조적 예술가들에게 – 1950년대의 추상적 표현주의자들로부터 현대의 영화감독들에 이르기까지 – 중요한 영향을 미치며 시간이 지나면서 고전으로 인정받고 있다.

캠벨은 계속해서『신의 가면The Masks of God』 5부작,『야생 수거위의 비행 The Flight of the Wild Gander』,『삶을 인도하는 신화Myths to Live By』, 『신화의 이미지The Mythic Image』, 『은유로서의 신화와 종교Metaphor as Myth and as Religion』, 『세계신화의 역사지도 Historical Atlas of World Mythology』 2부작 등, 수십 편의 논문과 다수의 저서를 발표했다.

왕성한 집필 활동에도 불구하고 캠벨의 이름이 대중들에게 널리 알려진 것은 강연을 통해서였다. 1940년 라마크리슈나 비베카난다 센터에서 「스리 라마크리슈나가 서양에 전하는 메시지」라는 제목으로 처음 시작한 강연은 박학다식하고 기지 넘치는 이야기꾼으로서의 면모를 보여주었다. 그 뒤로 여기저기 연사로 초대를 받아 다양한 주제로 강연을 했다. 1956년에는 국무부 외교연구원의 초청으로 원고 없이 이틀 연속으로 강연을 해서 큰 호평을 받았고, 그 후 17년에 걸쳐 매년 그곳에서 강연을 했다. 1950년대 중반 뉴욕시 쿠퍼 유니언 대학에서 진행한 공개강의 역시 점차 폭 넓고 다양한 청중들의 관심을 받으면서 정기적인 행사로 자리를 잡았다.

캠벨은 1965년 에설런 연구소에서 첫 강연을 한 이후로 해마다 빅서에 가서 최근의 생각과 깨달음에 대한 이야기를 나누었다. 그는 해가 갈수록 자신이 '태평양 연안의 천국'이라고 부른 그곳에서 체류하는 날을 기다리게 되었다. 1972년 집필에 전념하기 위해 새러로 렌스 대학의 교수직에서 은퇴했지만 매년 에설런 연구소에서 두 달에 걸쳐 하는 강연은 빠트리지 않았다. 1985년 그에게 국립예술클럽의 문학부문 금메달을 수여하는 자리에서 제임스 힐먼은 말했다.

"캠벨은 우리 세기의 어느 누구보다 – 프로이트, 토마스 만, 레비스트로스 등등 – 세상의 신비감과 그 영원한 형상들을 우리의 일상적인 의식 속으로 다시 가져왔다."

조지프 캠벨은 1987년 잠시 암으로 투병하다가 세상을 떠났다. 1988년 PBS 방송국에서 빌 모이어스와 7년 여에 걸쳐 나눈 대화를 녹음한 여섯 시간 분량의 『신화의 힘』이 방영되면서 그의 사상이 널리 알려졌다. 그가 죽었을 때 뉴스위크 잡지는 "캠벨은 대중문화가 포용한 진지한 사상가로 미국 역사에서 가장 진귀한 지성인의 한 사람이었다."고 평가했다.

그는 말년에 쇼펜하우어가 「개인의 운명에서 보이는 의도에 대해 On the Apparent Intention in the Fate of the Individual」라는 에세이에서 한 말을 즐겨 인용했다. 우리는 각자 인생의 소설을 쓰는 작가이며 인생에서 우연히 일어나는 것처럼 보이는 사건들이 지나고 보면 어떤 줄거리를 갖고 있다는 것이다. 무엇보다 조지프 캠벨의 삶 자체가 쇼펜하우어가 한 말을 그대로 입증해주는 듯하다.

들어가는 말

1   155p 참고.

2   '들어가는 말'의 대부분은 캠벨이 1981년에 했던 강의(조지프캠벨 재단 문
서번호 I965)의 일부다. '블리스를 따라가라Follow your bliss'에 대한 개념
설명은 1983년 4월 23일자 강의 「신비의 경험The Experience of Mystery」
(I830)의 질의응답 부분에서 발췌했다.

3   카를프리트 그라프 뒤르크하임(1896~1988)은 독일 귀족 출신으로 일본에
서 외교관으로 일했다. 동아시아에서 접한 선불교와 도교는 그에게 새로
운 사고의 길을 열어주었다. 유럽으로 돌아가 비교신화학, 정신 수행, 융
의 심층 심리학을 연구하며 여러 면에서 조지프 캠벨과 유사한 길을 걸
었다. 나중에 그의 부인이 된 마리아 히피우스Maria Hippius와 함께 영성
심리학 센터를 설립했다.

카를 구스타프 융(1875~1961)은 20세기의 위대한 혁신적 심리학자였다.
그의 전기와 작품에 대해 4장 '자기의 실현', 5장 '블리스로 가는 길'에서
좀 더 자세히 소개한다.

에리히 노이만(1905~1960)은 융의 제자이며 심리학자로, 신화와 심리학의
관계를 탐색했다.

4   적절한 예술과 부적절한 예술에 대한 조이스의 생각은 조지프 캠
벨의 『The Inner Reaches of Outer Space : Metaphor as Myth and as
Religion(Novato, Calif : New World Library,2002), pp. 90~91ff. 에서 좀 더
자세히 볼 수 있다.

5   노자의 『도덕경』

6   발데마르 보고라스 '축치족, 물질문화The Chuckche, Material Culture',

『Memoirs of the American Museum of Natural History』 vol.II, part I(New York : G.E. Stechert and Co., n.d.).

7 가레스 힐 외, 『엘코 섬의 샤먼The Shaman from Elko : Festschrift for Joseph L. Henderson, M. D.』(San Francisco : The Jung Society of San Francisco, 1978).

8 알베르토 데 아고스티니 『I miei viaggi nella Terra del Fuoco』(Turin: Cartografia Flli. de Agostini, 1923)

9 캠벨의 인도와 동아시아 여행에 대해서는 조지프 캠벨의 『Baksheesh & Brahman : Asian Journals-India』, Robin and Stephen Larsen and Antony Van Couvering, eds.(Novato, Calif.: New World Library, 2002), 『Sake & Satori : Asian Journals- Japan』 David Kudler, ed.(Novato, Calif.: New World Library, 2002)에서 좀 더 자세히 볼 수 있다.

10 갈라디아서 2:20.

11 이 개념은 800년경 상카라가 설립한 불이원론적 아드바이따 베단따 학파의 교리다.

1. 신화의 기능

12 이 장은 애머스트 대학에서 1968년 5월 9일자 「신화의 필요성The Necessity of Myth」라는 제목의 강연(L196)과 버몬트 대학에서 1969년 4월 17일자 동명의 강연(L250)에서 발췌했다.

13 아서 쇼펜하우어 '세상의 고통에 대해On the Suffering of the World', 『Studies in Pessimism : A Series of Essays』 (London: Swan Sonnenschein & Co., 1892)

14 볼드윈 스펜서 『호주 중부 원주민Native Tribes of Central Australia』(New York : Dover Publications,1968).

15 이 장은 주로 캠벨이 1972년 10월 6일 캐나다의 로욜라 오브 몬트리올 대학에서 「인간과 신화Man and Myth」라는 제목으로 강연한 내용(L435)을 기초로 했다.

16 이 장의 첫 부분은 L250에서 발췌했다.

17 존 모피트 주니어John Moffitt, Jr.와 캠벨은 뉴욕 라마크리슈나 비베까난다 센터에서 만났으며 스와미 니킬라난다의 번역작업을 도와주었다. 캠벨은 니킬라난다의 우빠니샤드 번역본을 편집하였고 모피트는 『슈리 라마크리슈나의 복음』과 『상카라의 자기이해』의 번역을 도와주었다. 모피트는 서양인으로는 매우 드물게 1959년 스와미 아트마가난다라는 법명을 받고 라마크리슈나 산야신이 되었다. 모피트는 두 종교의 성직자로 지낸 경험을 책으로 썼다. 『Journey to Gorakhpur: An Encounter with Christ beyond Christianity』(New York : Holt, Rinehart and Winston, 1972).

18 안겔루스 질레지우스, 『천사의 시The Angelic Verses: From the Book of Angelus Silesius』, Frederick Franck, ed.(Boston : Beacon Point Press, 2000)

19 스티븐 패닝, 『기독교 전통의 신비주의Mystics of the Christian Tradition』 (New York : Routledge, 2001), p. 103.

20 조지프 캠벨의 『그대가 그것이다Thou Art That :Transforming Religious Metaphor』 Eugene Kennedy, ed.(Novato, Calif. : New World Library, 2001)과 『The Inner Reaches of Outer Space : Metaphor as Myth and as Religion』의 중심 테마.

21 레위기 17 : 6

22 민네하하의 이야기는 블랙풋족이 아닌 다코타의 수족 인디언 신화에 나오는데, 롱펠로우의 시 「하이와타의 노래The Song of Hiawatha」에 실리면서 유명해졌다. 캠벨은 여기서 그녀의 이름을 장난스럽게 사용하고 있다.

23 창세기 1 : 26

24 레오 프로베니우스 『파이데우마Paideuma』(Frankfurt am Main : Frankfurter societat-druckerei,1928).

25 캠벨의 『그대가 그것이다Thou Art That』, pp. 15, 66, 111~112

26 창세기 3 : 19

27 토마스 아퀴나스 『이교도에 대한 반론Summa Contra gentiles』 1권 3장

28 『찬도갸 우빠니샤드』 12장

29 캠벨은 『빛의 신화Myths of Light : Eastern Metaphors of the Eternal』, David Kudler,ed (Novato, Calif. : New World Libraray, 2003)에서 이 개념에 대해 중점적으로 탐구했다.

3. 신화와 상징

30 이 장은 캠벨이 1962년 포린서비스 인스티튜트에서 강연한 「서양 심리학 개관Overview of Western Psychology: Freud and Jung」 (LA7), 1972년 11월 17일에 뉴욕 분석심리학자 클럽에서 두 번에 걸쳐 강연한 「개인의 신화 Living Your Personal Myth」 (L441), 1973년 5월 3일 파이에트빌의 아칸소 대학에서의 강연 (L483), 그리고 캘리포니아 빅서에 있는 에설런 연구소 에서 「Living Your Personal Myth」라는 제목으로 1973년 3월 16일에서 20 일까지 일주일 동안 열린 심포지엄(L468~L472)에서 발췌했다.

4. 자기의 실현

31 이 장은 LA41, LA68~472, 그리고 LA83에서 발췌했다.

32 마태복음 7:1

33 풍자가인 톰 브라운이 옥스퍼드 대학 재학 시절 학장인 존 펠 박사에게 징계를 받고 반성문에 로마의 시인 마르티알의 시 Non amo te, Sabidi, nec possum dicere quare: Hoc tantum posso dicre, non amo te. (나는

당신이 싫은 이유를 말할 수 없소, 사비디우스. 하지만 말할 수 있소. 당신이 싫다고.)를 번안해서 쓴 것으로 알려져 있다.

34 사도 바울이 고린도인들에게 보내는 첫 번째 편지, 13:7.

35 토마스 만, 『토니오 크뢰거』(New York, Bantam Modern Classics, 1990)

36 토마스 만, 「키 작은 프리데만씨」(London, Penguin, 1998)

5. 블리스로 가는 길

37 C. G. 융, 『The Portable Jung』(New York: Viking, 1971). p. xxi

38 『The Portable Jung』 pp.xxi-xxii.

39 마태복음 10:39

40 『전집Obras Completas』(Madrid: Talleres Graficos, 1957), p. 378

41 꾼달리니 요가와 신성한 소리 옴에 대해서는 조지프 캠벨의 『빛의 신화Myth of Light: Eastern Metaphors of the Eternal』 pp. 27~38, 『신화의 이미지The Mythic Image』(Princeton, N.J.L Princeton University Press.1981), pp. 331~87에 서 좀 더 자세히 볼 수 있다.

42 헨리 애덤스, 『Mont-Saint-Michel and Chartres』(New York: Penguin, 1986)

43 조지프 캠벨 『The Inner Reaches of Outer Space: Myth as Metaphor and as Religion.』

44 조지프 캠벨의 『Mythic Worlds』, 『Modern Words: Joseph Campbell on the Art of James Joyce』(Novato, Calif.: New World Library, 2004) pp.19~25에서 이 개념에 대해 보다 깊이 다루고 있다.

45 단테 알리기에리의 『새로운 인생Vita Nuova』 2장에 나오는 구절을 캠벨이 간략하게 옮긴 것이다.

6. 영웅 신화

46 이 장은 캘리포니아 빅서에 있는 에설런 연구소에서 캠벨의 주관으로 1982년 11월 16일에서 이듬해 3월 20일까지 「탐색」이라는 제목으로 열린 심포지움 중에 주로 이틀에 걸쳐 이야기한 내용에서 발췌했다. (L1183~L1185)

47 조지프 캠벨, 『삶을 인도하는 신화Myths to Live By』(New York: Penguin, 1983)

48 조지프 캠벨, 『The Historial Atlas of World Mythology』 1권, 『The Way of the Animal Powers』(New York: Afred van der marck Editions, 1983)

49 T. S. 엘리엇, 「텅 빈 인간The Hollow Men」, 『황무지 외The Waste Land and Other Poems』(New York: Signet, 1998)

50 이 만남은 캠벨의 『인도 여행 일지Baksheesh & Brahman: Asian Journals-India』 pp. 277~78에 기록되어 있다.

51 융의 마지막 저술은 신화와 연금술에서 히에로스 가모스의 상징주의에 대한 탐구였다. 『Mysterium Coniunctionis』, 『The Collected Works of C. G. Jung』(Princenton, N. J. : Princeton University Press, 1977)

52 조지프 캠벨과 헨리 모튼 로빈슨, 『피네간의 경야 주해A Skeleton Key to Finnegans Wake』(San Francisco: Harcourt Brace Jovanovich, 1988)

53 「누구의 위기일발인가?Skin of Whose Teeth?」, 제임스 조이스 소설에 대한 캠벨의 생각은 『Mythic Worlds, Moderns Words』에서 볼 수 있다.

7. 청중과의 대화

54 이 장에 나오는 질문과 답은 위에서 인용한 캠벨의 강연에서 발췌한 것이다.

55 오자크의 그리스도는 아칸소주의 유레카스프링스 부근의 마그네틱산 위에 서 있는 두 발을 벌린 대형 예수상이다. 높이 67피트 무게가 거의 백만 파운드에 달하는 이 조각상은 '미국에서 가장 유명한 반유대주의자'

라고 불린 근본주의 설교가인 제럴드 L. K. 스미스의 의뢰로 제작되었다. 스미스는 이 조각상 아래 묻혀 있다.

56 앨런 와츠, 「신의 이미지Images of God」 오디오판.

57 이사야서 45 : 7

58 마태복음 5 : 43~44

59 마태복음 5 : 44~45

60 요한복음 10 : 30

61 프리드리히 니체, 『자라투스트라는 이렇게 말했다』(New York : Modern Library, 1995) pp. 25~28

62 조지 캐틀린(1797~1872)은 화가로 1830년대 미주리주 북부의 원주민들과 함께 지내며 그들의 생활상을 그림으로 남겼다.

63 조지프 캠벨 『신의 가면 1권 : 원시 신화』(New York : Penguin USA, 1991) p. 372

64 프리드리히 실러(1759~1805)는 독일의 시인, 비평가, 희곡작가로 작품으로는 『돈 카를로스』, 『마리아 스튜어트』, 베토벤의 9번 교향곡의 가사로 사용된 「환희의 송가The Ode to Joy」 등이 있다.

블리스로 가는 길: 신화에게 길을 묻다

초판:2014년 7월 35일
개정판 1쇄: 2020년 9월 9일
지은이 | 조지프 캠벨
옮긴이 | 노혜숙
펴낸곳 | 도서출판 아니마
출판 등록 | 2008년 12월 11일, 396-2008-000092호
주소 | 경기도 고양시 일산동구 중산로 101, 109-903
편집 | Tel 031-908-2158, 010-5424-2194
영업 | Tel 010-5424-2194, Fax 0303--0944-2194
이메일 | animapub@naver.com
디자인 | (주)끄레 어소시에이츠
인쇄, 제본: 성진사
ISBN 979-11-89484- 09-5 03190

이 도서의 국립중앙도서관 출판예정도서목록(CIP)은 서지정보유통지원시스템 홈페이지(http://seoji.nl.go.kr)와 국가자료종합목록 구축시스템(http://kolis-net.nl.go.kr)에서 이용하실 수 있습니다. (CIP제어번호 : CIP2020036958)